Peter Holzer

Der Kundenmagnet

Wie du als Techniker zum gefragten Experten wirst

Was ich beim Aufbau meiner Software-Agentur gelernt habe
… und vorher nie für wichtig gehalten habe!

Herausgeber:
Bytero GmbH
Viendorf 50
2013 Göllersdorf
Österreich

Illustration / Umschlaggestaltung: Leonie Kamptner
Lektorat / Korrektorat: Dr. Brigitte Wenzina

Druck und Vertrieb im Auftrag des Autors:
Buchschmiede von Dataform Media GmbH
Julius-Raab-Straße 8
2203 Großebersdorf
Österreich

www.buchschmiede.at – Folge deinem Buchgefühl!
Kontaktadresse nach EU-Produktsicherheitsverordnung:
info@buchschmiede.at

ISBN:
978-3-99181-874-8 (Paperback)
978-3-99181-873-1 (E-Book)

Um die Lesbarkeit nicht zu beeinträchtigen, habe ich in dem vorliegenden Buch auf das Gendern verzichtet. Alle Personenbezeichnungen umfassen gleichermaßen alle Geschlechter.

Die Inhalte dieses Buches basieren auf Erfahrungen, Sichtweisen und Meinungen. Aussagen oder Meinungen Dritter wurden an den jeweiligen Stellen deutlich gekennzeichnet.

Alle Texte dieses Buches wurden von mir persönlich und nicht von einer Künstlichen Intelligenz (KI) verfasst. Mein Anspruch war es, ein EIGENES Buch zu schreiben. Für einige wenige Passagen habe ich jedoch KI zum Brainstorming verwendet. Diese Stellen sind ebenfalls kenntlich gemacht.

Die in diesem Buch bereitgestellten Informationen dienen ausschließlich Informationszwecken und stellen keine Beratung dar. Ich übernehme keine Haftung für etwaige Schäden, die aus falscher Anwendung der hierin enthaltenen Informationen entstehen könnten.

Inhaltsverzeichnis

Was dich erwartet

Ich bin Unternehmer. Von ganzem Herzen. Es gibt nicht viel, das mir mehr Spaß macht als in meinem Business zu arbeiten. Business ist mein Hobby. Es ist natürlich nicht mein einziges, aber es passt gut zu mir. Ich habe schon während meines ersten Jobs gemerkt, dass ich irgendwie unternehmerisch veranlagt bin. Ich habe seither vieles ausprobiert. Gleichzeitig merke ich aber auch, wie ich als Unternehmer meistens alleine bin. Nicht einsam, sondern alleine. Das ist für mich ein großer Unterschied, der kaum verwundert: Der Großteil der Menschen ist nicht unternehmerisch aktiv. Daher bin ich viel alleine. Und oftmals muss ich das auch sein. Ich muss Ruhe haben, um mich mit mir selbst zu beschäftigen. Es gibt niemanden, der einen Rahmen für mich setzt. Ich muss ihn selbst setzen. Es gibt niemanden, der für mich entscheidet, was ich wie tun soll. Ich muss das selbst entscheiden. Es gibt niemanden, der für mich die Verantwortung übernimmt. Ich muss sie selbst übernehmen. Das kann ein Riesenvorteil sein, aber auch eine sehr große Herausforderung.

Du kennst bestimmt diesen Spruch: "Man ist der Durchschnitt der fünf Menschen, mit denen man die meiste Zeit verbringt". Ich glaube, dass das stimmt. Wir Menschen sind soziale Wesen, die stark von ihrem Umfeld beeinflusst werden. Wir wollen immer irgendwo dazugehören und nicht ausgeschlossen werden. Evolutionär betrachtet hatten die, die ausgeschlossen wurden, eine geringere Überlebenschance als die, die einer Gruppe angehörten. Zusammen war man immer stärker als alleine. Das ist zwar heute nicht mehr so relevant, zumindest nicht für das bloße Überleben, aber dennoch funktioniert unser Gehirn nach wie vor genau so. Niemand will ausgeschlossen sein. Deshalb verhalten wir uns ähnlich wie die anderen um uns herum.

Als Unternehmer aber ist man besonders. Nicht besonders gut oder besonders schlecht. Man ist anders als die meisten. Und daher wird man eher ausgeschlossen, fühlt sich schnell ausgeschlossen oder schließt sich selbst aus. Man sucht Gleichgesinnte, um wieder dazuzugehören. Ich denke, das ist ganz natürlich.

Ich weiß auch nicht, ob man anders ist und daher Unternehmer ist oder ob man Unternehmer ist und daher anders. Das ist aber nicht so wichtig. Das heißt, Unternehmer suchen andere Unternehmer, um wieder sie selbst sein zu können. Ich denke, das ist der Grund, warum auch ich andere Unternehmer suche. Man könnte jetzt argumentieren, dass ich mir auch einfach nur ein Unternehmernetzwerk suchen könnte. Das habe ich auch, es war mir aber zu wenig, weil ich etwas bewirken will. Ich will, dass andere Unternehmer ihr volles Potenzial ausnutzen. Ich bin der festen Meinung, dass sie das durch das Verständnis für Marketing und dessen Einfluss auf ihr Unternehmen erreichen können. Deswegen ist kontinuierliches Lernen so wichtig - auch für mich.

Ich lese heute sehr viel und regelmäßig Business-Literatur. Ich lese jeden Tag mindestens eine Stunde. Eigentlich kann ich es kaum glauben, dass ich das schreibe. Bis zu meinem 30. Lebensjahr habe ich nicht ein einziges Buch gelesen. Heute lese ich mindestens eines pro Woche. Es ist erstaunlich, wie schnell man sich verändern kann. Wie auch immer. Zusätzlich zum Lesen höre ich mir noch jeden Tag beim Spazierengehen und Laufen relevante Podcasts an. Abends, wenn noch etwas Zeit übrig bleibt, sehe ich mir Videos auf YouTube zu diesen Themen an. Ich lerne täglich 2-3 Stunden. Ich würde sagen, ich lerne sehr gerne, wirklich sehr gerne. Nicht aber nur um des Lernens Willen. Ich möchte das alles in meinem Business anwenden. Mehr noch, ich möchte das an meine Kunden weitergeben, damit auch sie das alles erfolgreich anwenden können. Gerade von Technikern wird das Thema Marketing massiv unterschätzt. Man kann es ihnen aber nicht verübeln. Sie haben es einfach nicht gelernt. Meine Mission ist es, Technikern genau das klarzumachen. Ich empfinde das als meine Aufgabe, da ich einer von ihnen bin. Ich denke, es ist Zeit, dass Techniker endlich verstehen, wie entscheidend Marketing und Sales sind. Und auch, dass sie verstehen, dass die technischen Fertigkeiten, die sie besitzen, in Wahrheit zweitrangig sind - auch, wenn ihnen während ihrer Ausbildung etwas anderes erzählt wurde. Ich will, dass sie durch meine Hilfe etwas erreichen, was sie sonst vielleicht nicht oder nur sehr schwer erreicht hätten. Ich denke, ich will das, weil es auch mich zufrieden und stolz fühlen lässt. Ich denke, grundsätzlich geht es jedem Menschen um sich selbst, auch wenn das auf den ersten Blick manchmal anders aussehen mag. Und das ist auch in Ordnung so.

Wir werden zu einem Gutteil - vielleicht sogar vollständig - von unseren inneren Überzeugungen gelenkt. Wenn ich zum Beispiel denke, dass ich etwas selbst machen muss, damit es gut wird - egal, ob privat oder beruflich - dann werde ich etwas auch nie jemand anderem machen lassen, wenn ich will, dass es gut wird. Diese Überzeugung lenkt mich. Wenn du beispielsweise glaubst, dass eine breite Positionierung zu mehr Kunden führt, wirst du sie nicht zuspitzen. Diese Überzeugung lenkt dich. Und solange du an ihr festhältst, kann dir Positionierung nicht gelingen.

Positionierung beginnt im Kopf - sowohl in deinem als auch in dem deiner Kunden. Damit Positionierung gelingt, musst du als Erstes die richtigen Dinge darüber wissen und glauben. Und du musst im selben Zuge damit aufhören, die falschen Dinge zu glauben.

Es geht aber nicht nur um das, was in deinem Kopf vorgeht, sondern auch um den Kopf deines Kunden. Konkret, um seine Wahrnehmung in Bezug auf dich: Wenn er nicht glaubt, dass du sein Problem am besten lösen kannst, wird er auch nicht dein Kunde werden. Du musst dich ihm so präsentieren und nach außen so kommunizieren, dass du seine einzig logische Wahl bist.

All das und noch viel mehr ist Positionierung. Sie beginnt auf jeden Fall im Kopf. Dieses Buch soll dir dabei helfen, alle Aspekte einer gelungenen Positionierung zu beleuchten.

Dieses Buch ist für dich geschrieben, weil ...

Weil ich Inhaber und CEO einer Software-Agentur war, habe ich dieses Buch in erster Linie für Inhaber und CEOs von Software-Agenturen geschrieben. Techniker und allem voran Softwareentwickler unterschätzen die Wichtigkeit, den Einfluss und die Notwendigkeit von Marketing. Sie glauben, dass es genügt, eine gefragte Fähigkeit zu besitzen - nämlich gut (zum Beispiel im Programmieren) zu sein. Sie denken oder hoffen, dass die Kunden dann schon von selbst kommen werden. Ich habe das auch gedacht! Das ist allerdings ein großer Irrtum. Ein Irrtum, der unglaublich teuer werden kann. Ein Irrtum, der einem sogar letztendlich das gesamte Unternehmen kosten kann.

Wie oft ist es der Fall, dass nicht das beste Produkt oder der beste Dienstleister gewinnt? Wie oft ist nicht die beste Dienstleistung oder das beste Produkt das erfolgreichste? Oft, sehr oft!

Warum ist das so? Das ist ganz einfach. Die Grundlage der Entscheidung für eine Zusammenarbeit zwischen Kunde und Dienstleister beruht einzig und alleine darauf, ob der Kunde dem Dienstleister vertraut. Es kommt nicht darauf an, wer tatsächlich der Beste ist. Es kommt vielmehr darauf an, von wem der Kunde glaubt, dass er der Beste ist. Er muss es nicht nur glauben, sondern er muss davon überzeugt sein. Er muss ihn als den Dienstleister wahrnehmen, der für ihn am geeignetsten erscheint.

Es kommt also auf die Wahrnehmung an. Marketing formt diese Wahrnehmung. Wenn der Kunde überzeugt ist, dass der Dienstleister sein Problem lösen kann, hat der Dienstleister gewonnen. Wenn Zweifel bestehen, hat er verloren. Jetzt stellt sich die Frage, wer dem Kunden dieses Gefühl besser vermitteln kann. Wer das schafft, gewinnt! So einfach ist das.

Es spielt dabei keine Rolle, wer tatsächlich besser ist. Das Einzige, was zählt, ist, wer besser in der Wahrnehmung des Kunden ist. Wissen kann es der Kunde vor der Zusammenarbeit ohnehin nicht. Und im Nachhinein kann er es auch nicht mehr vergleichen. Das ist auf der einen Seite ein Vorteil für den Dienstleister, aber auf der anderen Seite macht es auch die Entscheidung für eine Zusammenarbeit schwerer.

Man kann also sagen, dass es nicht darauf ankommt, was tatsächlich ist, sondern nur darauf, was der Kunde glaubt, dass es ist. Genau das kann man beeinflussen. Und genau deshalb ist Marketing so unverzichtbar wichtig. Und genau deshalb habe ich dieses Buch geschrieben. Ich will, dass sich in deiner Software-Agentur endlich wieder etwas entscheidend und grundlegend ändert. Das es vorangeht! Damit etwas besser wird! Selbst wenn das bedeutet, dass ich deine Gefühle und vielleicht an manchen Stellen dein Ego verletzen muss.

Ich habe dieses Buch aber nicht nur für Inhaber und CEOs von Software-Agenturen geschrieben. Ich habe es geschrieben,

- für Unternehmer mit einem "Growth Mindset"
- für Unternehmer, die sich stets weiterentwickeln und dazulernen möchten
- für Unternehmer, die Verantwortung übernehmen
- für Unternehmer, die gerne Entscheidungen treffen und danach handeln
- für Unternehmer, die ihren Status Quo kontinuierlich verbessern möchten
- für Unternehmer, die ständig wachsen wollen
- für Unternehmer, die ihr volles Potenzial erreichen möchten
- für Unternehmer, die so richtig stolz auf sich selbst sein möchten

Kurz gesagt: Ich habe dieses Buch für mich geschrieben, für die Person, die ich einmal gewesen bin. Jenes "alte Ich" hat inzwischen verstanden, wie wichtig Marketing ist. Jenes "alte Ich" weiß inzwischen, dass eine gefragte technische Fertigkeit alleine bei Weitem nicht genügt, um erfolgreich zu sein.

Dieses Buch ist nicht für dich, wenn …

Wenn du ein Unternehmen in der Softwareentwicklung führst und du bereits auf einem bestimmten Level angelangt bist - nämlich auf dem, auf dem du immer schon sein wolltest dann ist dieses Buch nicht für dich. Es ist auch nicht für dich, wenn du keine Herausforderungen bei der Leadgenerierung (= Aufmerksamkeit von Interessenten gewinnen) und der Kundengewinnung annehmen willst. Es ist nicht für dich, wenn du mehr Anfragen und Projekte als Kapazitäten hast. Dieses Buch ist auch nicht für dich, wenn bei dir schon alles bestens läuft und du den Bereich Marketing nicht weiter verbessern möchtest. Es ist auch nicht für dich, wenn du dich nicht in einem (möglicherweise) fachfremden Thema weiterbilden möchtest.
In jedem anderen Fall aber ist dieses Buch genau für dich!

Das Ziel dieses Buches …

Mit diesem Buch möchte ich Softwareentwicklern die Augen öffnen. Ich weiß, das klingt etwas überheblich. Lass es mich dir erklären! Ich war selbst lange Zeit blind für die Wichtigkeit, die Notwendigkeit und den Einfluss von Marketing. Und das, obwohl ich sechs Jahre im B2B-Sales gearbeitet habe, obwohl ich eine mehrjährige Ausbildung im Bereich Marketing und Management absolviert hatte. Genau genommen hätte ich es von Anfang an besser wissen müssen.

Ich habe es aber ignoriert. Ich war der Verlockung verfallen, dass es als Softwareentwickler genügt, wenn man Software entwickeln kann. Dass es genügt, wenn man eine Fähigkeit besitzt, die nicht alle besitzen und dass es genügt, wenn man darin halbwegs gut ist. Die Leute würden dann schon von selbst kommen. Und wenn doch nicht so zahlreich, dann würden sie im Notfall zumindest leicht zu überzeugen sein.

Ich werde dir noch genau erklären, warum das in meinem Fall zuerst nicht ganz so war. Erst nachdem ich verstanden hatte, welchen Einfluss Marketing hat, wurde alles planbarer und leichter. Und zwar um ein Vielfaches. Mit der richtigen Positionierung zur richtigen Zeit sind die richtigen Kunden später auch tatsächlich von selbst gekommen.

Und genau das will ich auch für dich. Ich will, dass deine idealen Kunden von selbst zu dir kommen. Ich will, dass du Projekte nicht auf Grund von Preisnachlässen gewinnst. Ich will, dass du mehr Anfragen als Kapazitäten hast. Ich will, dass du das Unternehmen deiner Träume aufbaust und du so richtig stolz auf dich selbst sein kannst. Ich will, dass du dich großartig und unschlagbar fühlst und du die Person wirst, die du immer schon sein wolltest. Ich will, dass du dein volles Potenzial ausschöpfst und eines Tages etwas Großartiges hinterlässt.

Ich weiß, dass all das mit Marketing beginnt - eigentlich sogar noch etwas früher. Ich weiß, dass es in deinem Kopf beginnt. Mein Ziel mit diesem Buch ist es, dass auch du das weißt. Mehr noch, mein Ziel mit diesem Buch ist es, dass du es auch glaubst, dass du davon überzeugt bist und es verinnerlichst.

Du sollst in Zukunft entsprechend danach handeln und dementsprechend gebührend erfolgreich sein!

Ich habe Positionierung und Marketing bereits verinnerlicht und so meine Software-Agentur in eine wesentlich bessere Lage gebracht. Warum habe ich sie aber letztlich doch geschlossen? Wenn das alles so funktioniert, wie ich behaupte, warum setze ich es dann nicht mehr selbst um, sondern unterstütze andere dabei? Eine absolut berechtigte Frage! Sie ist für mich aber auch einfach zu beantworten: Softwareentwicklung hat mir einfach keinen Spaß mehr gemacht. Und weil Unternehmertum sehr hart und auch anstrengend ist, wollte ich etwas machen, das mir auch Spaß macht und hinter dem ich voll und ganz stehe. Das war bei der Softwareentwicklung einfach nicht mehr der Fall. Während der gesamten Zeit meiner Selbstständigkeit, egal ob alleine als Freelancer oder als Agentur mit Mitarbeitern, war mir immer klar: Ich bin nicht der klassische Entwickler. Ich habe das auch schon während des Studiums gemerkt. Mich interessierte das zwar alles sehr, nicht aber so sehr, wie es andere interessiert hat. Auch mein Werdegang zeigt Ähnliches: Sales-Job, Startup-Versuche, Marketing und Management Ausbildung und Informatik-Studium. Ich bin irgendwie immer zwischen Technik und Marketing hin- und hergesprungen. Meine Stärke ist es, mit Menschen im technischen Umfeld zu arbeiten, nicht bloß mit Computern. Jetzt könnte man zwar sagen, als CEO einer Software-Agentur macht man ja genau das: Marketing in einem technischen Umfeld. Ja, das ist zwar richtig, aber am Ende ist man auch immer noch für das verantwortlich, was man versprochen/verkauft hat. Wenn Dinge schieflaufen, darf und muss man sie unter Umständen selbst ausbaden. Das wollte ich nicht. Ich wollte ein Unternehmen, das mir auf ganzer Linie Spaß macht und Freude bereitet. Bei der Beratung ist genau das der Fall und ich habe Freude an wirklich jeder Aufgabe in diesem Bereich. Genau so stelle ich mir mein Leben vor!

Viele sprechen von Work-Life-Balance. Balance ist für mich aber ein Begriff, der zwei sich gegensätzliche Dinge beschreibt, die ausgeglichen werden müssen. Entweder das Eine oder das Andere und eines geht dabei aber immer zu Lasten des anderen. Doch ich glaube, dass Arbeit Leben ist und das Leben Arbeit ist. Der Mensch ist dafür gemacht zu arbeiten. Ich glaube viel mehr an Work-Life-Blending, also dem Verschmelzen von Arbeit und Leben. Für mich gehört das heute zusammen. Aber vielleicht nur, weil ich sehr hart daran gearbeitet habe und das auch heute noch tue. Ich würde vielleicht nicht von Work-Life-Blending sprechen, wenn ich meine Software-Agentur behalten hätte, nur um damit Geld zu verdienen. Ich denke, das ist zu kurzfristig gedacht. Man soll und muss das machen, was einem Spaß macht, auch, wenn das heißt, ein grundsätzlich funktionierendes Unternehmen zu schließen und von vorne zu beginnen. Heute bin ich sehr froh über diesen gesetzten Schritt. Die

Beratung passt wesentlich besser zu mir, zu meinen Zielen, zu meinen Träumen und zu meinen Fähigkeiten. Auch meine Kunden merken das.

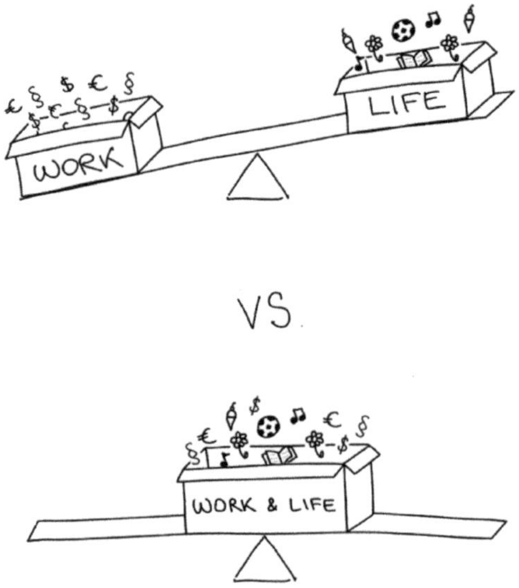

Wer bin ich?

Es war kurz nach Mitte Dezember, knapp vor Weihnachten. Unser Weihnachtsbaum stand geschmückt im Esszimmer. Ich war dennoch nicht in Weihnachtsstimmung. Ich konnte mich einfach nicht auf die bevorstehenden Feiertage freuen, weil ich frustriert war. Frustriert ist eigentlich zu wenig. Ich war enttäuscht, höchst enttäuscht. Am meisten von mir selbst. Das Geschäftsjahr war zu Ende und ich hatte denselben Umsatz gemacht wie die Jahre zuvor. Plus - Minus. Null! Nada! Niente! Kein Fortschritt! Kein Wachstum!

Eigentlich war es ja keine Überraschung! Ich hatte das das ganze Jahr über schon kommen sehen. Wie sollte ich auch etwas anderes erreichen, wenn ich nichts anderes machte? Ich verkaufte Zeit, immer bloß Zeit. Egal, ob meine eigene oder die meiner Mitarbeiter. Ich nahm jedes Projekt an, das um die Ecke kam. Egal, ob es passte oder nicht. Ein schlechter Monat fraß einen guten fast wieder ganz auf. Egal, wie sehr ich mich bemühte.

Das war eigentlich das größte Problem, dieses ständige Auf und Ab. Mal hatte ich mehr Projekte als Kapazitäten und mal war es andersrum. Projekte kamen entweder nur durch mein persönliches Netzwerk oder durch Zufall. Es fehlte an Planbarkeit - an allen Ecken und Enden. Ich dachte, so kann ich doch nie ein echtes Unternehmen aufbauen, mehr Mitarbeiter einstellen, Systeme einführen! Ein Unternehmen bauen, das auch ohne mich funktioniert. Das war mein Ziel. Ein Unternehmen, das wie eine gute Maschine funktioniert.

Ich dachte, das ist der einzige Weg, um so richtig stolz auf mich selbst sein zu können, um mich zu profilieren, um Anerkennung und Bestätigung zu bekommen. Deswegen war ich auf dem Unternehmerpfad. Ich wollte mehr erreichen. Durchschnitt war mir zu wenig - viel zu wenig! Durchschnitt bedeutete nämlich verschwendetes Potenzial für mich. Und ich hasse es, wenn Potenzial verschwendet wird.

Die ruhige Zeit über Weihnachten und Neujahr nutzte ich dann, um nachzudenken und zu reflektieren. Was muss ich anders machen? Was muss ich noch lernen? Und wie gehe ich das alles am besten an? Ich habe versucht, Antworten zu finden. Natürlich hatte ich nicht sofort welche, aber ich hatte zumindest ein paar brauchbare Ideen, die mich aus diesem Tief holten.

Anfang Jänner, als das Geschäftsleben dann nach und nach wieder Fahrt aufnahm, schmiedete ich Pläne für das neue Jahr. Ich war fest entschlossen, dass ich heuer etwas anders machen würde. Ich würde lernen, wie man so eine Maschine baut, die von selbst funktioniert.

Ich recherchierte: Wie baue ich eine Software-Agentur auf? Das war meine zentrale Frage. Nach und nach bin ich auf das Thema Positionierung gestoßen. Man muss sich einschränken, wenn man wachsen will, las ich vielfach von erfolgreichen Unternehmern.

Was? So ein Blödsinn! Das war total unlogisch für mich. Wie kann ich mehr Kunden anziehen, wenn ich weniger anbiete? Wenn ich wenigere anspreche? Das waren meine ersten Gedanken. Da diese Leute aber wesentlich erfolgreicher waren als ich es war, war ich bereit, von ihnen zu lernen. Ich könnte es ja einfach mal versuchen, dachte ich, und dann würde ich ja sehen…

Was aber könnte ich anbieten? Worauf sollte ich mich spezialisieren? Diese Frage beschäftigte mich tagelang. Ich hatte zu dieser Zeit einen starken Background in Sachen Blockchain. Mein Studienschwerpunkt an der Technischen Universität Wien lag auf diesem Thema und ich habe damals unter anderem auch Smart Contracts (spezielle Blockchain-Software) für ein australisches Startup entwickelt. Es war die Zeit, in der NFTs (Non-Fungible Tokens) sehr beliebt waren und wo jeder damit schnell reich werden wollte. Also dachte ich mir, ich könnte doch genau das anbieten. So war meine damalige Positionierung geboren: "NFT Smart Contract Development for Startups".

Weil ich nicht gleich meine ganze Website umbauen wollte, habe ich meine neue Positionierung mal auf LinkedIn zum Testen verwendet. Ich habe neue Profil- und Bannerbilder hochgeladen und meinen Profil-Slogan überarbeitet. Früher stand da noch "Individuelle Softwareentwicklung für Unternehmen". Ich tauschte aber nicht einfach nur einen Slogan gegen einen anderen. Ich habe mein Angebot eingeschränkt und meine Zielgruppe näher definiert.

Ich habe mich besser positioniert. Und es hat funktioniert! Leute haben sich einen Gesprächstermin nach dem anderen bei mir gebucht. Genauer gesagt haben das 23 potenzielle Kunden in der stärksten Woche getan. Unzählige Leute wollten ihre Projekte mit mir besprechen, ohne dass ICH sie vorher kontaktiert hatte.

Ich konnte es kaum glauben. Das hatte ich vorher wirklich noch nie erlebt! Um an neue Projekte zu kommen, musste ich bis dahin immer aktive Kundenakquise machen.

Ich musste potenzielle Unternehmen raussuchen und sie dann entweder per E-Mail anschreiben oder direkt anrufen. Beides war extrem mühsam, langwierig und - um ehrlich zu sein - war es mir auch immer sehr unangenehm. Ich wollte das nicht machen, doch es musste bis zu jenem Zeitpunkt einfach auf diese Art und Weise durchgezogen werden, weil ich sonst keine neuen Projekte bekommen hätte. Manchmal hatte ich aber auch Glück und ein Projekt kam aus meinem Netzwerk oder irgendwie per Zufall über die Website. Das war aber äußerst selten und ich konnte mich damals nicht darauf verlassen. Ich wünschte mir wirklich, dass genügend von den richtigen Kunden von selbst zu mir kommen würden. Doch das war nahezu nie der Fall. Bis zu diesem Zeitpunkt eben! Jetzt war alles anders und ich dachte mir: "Habe ich es nun geschafft? Muss ich nun nie wieder unangenehme Kundenakquise machen?" Es sah fast danach aus.

Solange mein Angebot bloß "Individuelle Softwareentwicklung" war und ich keine Ahnung von der Wichtigkeit von Marketing hatte, dachte ich immer, wenn ich breit positioniert bin, bekomme ich automatisch mehr Projekte. Ich dachte, ein breites Angebot zu haben, wäre vorteilhaft und das scheint auf den ersten Blick auch logisch zu sein. Wer mehr kann und mehr anbietet, der ist auch für mehrere Leute interessant.

Doch offensichtlich war das nur in der Theorie so. Ich hatte nämlich in der Praxis immer Schwierigkeiten damit, mich als Experte zu präsentieren. Leute haben mir nur zögerlich vertraut. Von außen war einfach nicht klar, was man genau bei mir bekommen würde und worin eigentlich meine Expertise bestand.

Weil ich alles offen ließ, habe ich auch kaum Verantwortung übernommen. So blieben auf Kundenseite immer irgendwelche Zweifel. Manchmal konnte ich sie durch stundenlange Gespräche auflösen, manchmal aber auch nicht. Als ich meine Positionierung aber auf "NFT Smart Contract Development for Startups" änderte, war das plötzlich anders. Ich hatte ein definiertes Angebot und sprach damit eine klare Zielgruppe an. Ich hatte eine spitze und klare Positionierung und diese hat es meinen Kunden ermöglicht, mir zu vertrauen. Zumindest mehr als ohne jegliche Positionierung.

Dadurch hatte ich automatisch auch mehr Verantwortung übernommen: Ich hatte genau definiert, was man bei mir bekommen und was ich am Ende liefern würde. Auch der Zeitpunkt meiner Neupositionierung war ein wesentlicher, hilfreicher Punkt. Ich habe genau zu jenem Zeitpunkt etwas angeboten, an dem auch genau das massiv gefragt war.

Von da an habe ich mehr und mehr verstanden, wie wichtig Marketing eigentlich ist. Das war mir vorher nicht mal ansatzweise so klar. Ich hatte das massiv unterschätzt. Ich dachte immer, es genüge, einfach gut programmieren zu können. Das tat es aber nicht - bei Weitem nicht. Man muss sich eben auch entsprechend gut vermarkten, verkaufen und präsentieren können.

Nachher war nichts mehr wie zuvor. Die Anfragen überstiegen meine Kapazitäten. Ich habe mich großartig gefühlt. Ich war zufrieden. Ja, ich war stolz!

Ich habe damals, kurze Zeit danach, aber noch eine weitere, extrem wertvolle Lektion gelernt. Nämlich, dass man auch zu spitz positioniert sein kann, beziehungsweise, dass es gefährlich sein kann, seine Positionierung zu sehr nur auf einem Hype oder Trend aufzubauen. Denn so schnell wie NFTs damals gekommen sind, so schnell sind sie auch wieder verschwunden. Sozusagen von einem Tag auf den anderen sind die Krypto-Märkte eingebrochen und niemand wollte mehr NFTs. Aus war der Traum vom schnellen Geld für viele, auch für mich.

Da stand ich nun. Voll ausgerichtet auf das Thema, für welches sich keiner mehr interessierte. Doch wenn ich ehrlich bin, war das damals nicht mal ansatzweise ein Problem für mich. Ich hatte nämlich eine extrem wichtige Sache gelernt: Wenn man über einen gewissen Punkt hinaus weiter und kontinuierlich wachsen will, muss man sich einschränken. Man muss fokussieren. Man muss sich auf EIN Angebot und auf EINE Zielgruppe festlegen, wenn man als Spezialist in genau diesem Bereich wahrgenommen werden will und die Leute aus diesem Grund zu einem kommen sollen.

Und noch eine Sache habe ich damals schmerzlich gelernt. Als der NFT-Hype auf seinem Höhepunkt war (vielleicht aber eigentlich schon kurze Zeit danach), hatten ein ehemaliger Studienkollege und ich die "geniale" Idee, selbst auch ein NFT-Projekt zu starten. Wir hatten die technische Expertise und wollten auf diesem Weg auch den schnellen Erfolg. In mehreren Wochen Arbeit haben wir uns besonders coole Designs überlegt und haben anspruchsvolle Features entwickelt. Wir wollten etwas Besonderes anbieten. Etwas, das sonst niemand anbot. Wir dachten wirklich, dass das alleine genügen würde, um erfolgreich zu sein. Doch, wie du vielleicht vermutest, war das nicht so. Wir waren weit weg davon. Nach einigen erfolglosen Monaten haben wir das Projekt schließlich eingestellt. Da habe ich es gelernt: Marketing ist entscheidend für den Erfolg.

Ich hatte dann die Wahl. Ich konnte entweder meine Software-Agentur erneut auf ein anderes Thema ausrichten - das hätte aber auch bedeutet, gute Blockchain-Entwickler zu entlassen und neue Entwickler einzustellen - oder ich konnte das tun, was mir damals schon richtig viel Spaß gemacht hat, nämlich andere beim Vorankommen und beim Wachstum zu unterstützen.

Ich habe dann entschieden, meine Mitarbeiter zu entlassen, die Software-Agentur zu schließen und in die Unternehmensberatung zu wechseln. Softwareentwicklung hat mich nicht mehr zufriedengestellt. Ich wollte etwas anderes machen. Ich wollte nicht weitere, unzählige Jahre in einem Bereich arbeiten, der mich nicht erfüllte - weder als Softwareentwickler noch als Software-Agentur-Inhaber.

Seitdem berate und unterstütze ich Software-Agentur-Inhaber und CEOs beim strategischen Marketing. Ich möchte, dass sie nicht dieselben Fehler machen, die ich damals gemacht hatte, beziehungsweise, wenn sie sie schon gemacht haben, dass sie dann nicht so lange dort festhängen. Ich möchte ihnen die Frustration ersparen, die ich in diesem Dezember so intensiv erlebt hatte. Diese Selbstzweifel! Diese Enttäuschung! Das sind keine schönen Gefühle. Niemand sollte sich so fühlen müssen. Zumindest nicht aufgrund dessen, dass das eigene Unternehmen sich nicht wie gewünscht entwickelt, weil der CEO die Positionierung des Unternehmens massiv unterschätzt.

Ein Jahr später, wieder kurz vor Weihnachten war dann alles anders. Meine Umsätze sind gestiegen, ich war stolz auf mich und zufrieden mit mir. Ich wusste, dieses Weihnachten würde alles anders werden. Ich würde nicht frustriert und enttäuscht sein, sondern motiviert, erwartungs- und hoffnungsvoll. Und das würde auch meine Familie freuen!

Was du vorab über Positionierung wissen solltest

Der Versuch einer Definition

Beim Schreiben dieses Buches habe ich mir immer wieder die Frage gestellt, aus welchen unterschiedlichen Blickrichtungen man das Thema Positionierung eigentlich betrachten kann. Es ist ein Wort, das sehr oft zu Beginn einer Diskussion fällt, in der es um Marketing geht. Was machen wir und für wen? Viele setzen den Begriff Marketing mit Werbung gleich, obwohl Werbung nur ein Teil davon ist. Marketing beschäftigt sich mit den vier gängigen Ps "Product, Price, Place und Promotion". Darunter versteht man Preispolitik, Produktentwicklung, Werbung, Kommunikation, Absatzkanäle, Verkauf und noch vieles mehr.

Positionierung könnte man - zumindest teilweise - unter Marketing einordnen. Sie umfasst aber gleichzeitig mehrere Bereiche des Marketings - Angebot, Zielgruppe und Nutzen. Diese drei Begriffe sind nicht unabhängig voneinander. Ein Angebot ist wahrscheinlich nicht für jede Zielgruppe geeignet und auch umgekehrt benötigt eine bestimmte Zielgruppe nicht jedes Angebot. Auch der Nutzen ist stark mit Angebot und Zielgruppe verknüpft.

Grundsätzlich gibt es verschiedene Ansichten, wie man sich diesem Thema nähern kann:

- Für die einen bedeutet es, welches *Angebot* man hat.
- Für die anderen bedeutet es, welche *Zielgruppe* man anspricht.
- Für wieder andere bedeutet es, welchen *Nutzen* man daraus ziehen kann oder welche *USP (Unique Selling Proposition)* man hat, was das individuelle Alleinstellungsmerkmal ist.
- Positionierung kann man auch vom *Fokus* ausgehend betrachten: Worauf fokussiert ein Unternehmen und was macht es daher nicht?

Neben diesen vier Begriffen (Angebot, Zielgruppe, Alleinstellungsmerkmal und Fokus) bin ich auf insgesamt 50 Begriffe gestoßen, die in direktem und indirektem Zusammenhang mit Positionierung stehen. Ich habe versucht, diese 50 Begriffe zu sortieren, um zu sehen, wie man auf das Thema blicken kann, beziehungsweise, worauf sich Positionierung auswirkt. Es geht dabei um Leadgenerierung, Kundengewinnung, Klarheit und Orientierung, Kommunikation, Wahrnehmung und noch vieles mehr. Natürlich geht es auch um die persönlichen Motive des Unternehmers und in weiterer Folge auch um Organisationsentwicklung. Ein wahnsinnig weitreichendes Thema! Mir wurde einmal mehr klar: Positionierung ist zwar ein kleines Wort, hat aber unglaublich viele Facetten. Nicht alle blicken aus derselben Richtung auf dieses Thema. Nicht alle verstehen dasselbe darunter. Und nicht alle erhoffen sich dasselbe davon. Das macht es um ein paar Nuancen komplexer und damit auch schwieriger.

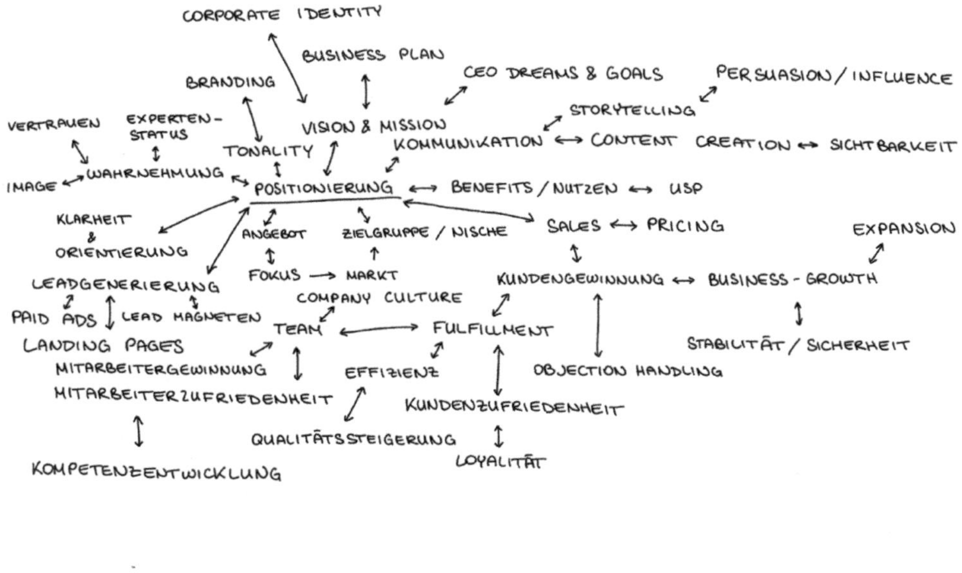

Dabei hat Positionierung im Grunde nur ein einziges Ziel: Kunden davon zu überzeugen, dass man für die Lösung eines bestimmten Problems die beste Wahl ist. Das schafft man, indem man sich als Dienstleister genau auf dieses eine Problem für genau diese eine Zielgruppe spezialisiert und das auch überzeugend nach außen kommuniziert.

Natürlich wirken sich sowohl Vision als auch Mission eines Unternehmers auf die Positionierung aus. Das Problem ist allerdings, dass die meisten Unternehmen keine echte Vision und Mission haben. Geld verdienen ist weder eine Vision noch eine Mission. Ja, es gehört dazu, aber ein Unternehmen existiert, um ein Problem zu lösen. Es existiert, um jemandem einen Dienst zu erweisen. Natürlich nicht ganz selbstlos. Jedes Unternehmen agiert in erster Linie wirtschaftlich. Wenn man keine Gewinne erzielt, hat man eigentlich kein Business, sondern bloß ein teures Hobby. Aber ganz so ist es nicht, denn es kann auch mal härtere Zeiten geben, in denen man keine Gewinne oder sogar Verluste schreibt. Was ich damit sagen möchte: Wenn ein Unternehmen über längere Zeit hinweg keine Gewinne erzielt, sollte man grundlegend etwas überdenken.

Aber zurück zu Vision und Mission. Wenn es die Vision einer Software-Agentur ist, die Nummer 1 Mobile-App Agentur für Maschinenbauunternehmen in Deutschland zu werden, macht es keinen Sinn, Websites für beispielsweise Frisörsalons zu entwickeln. Ich denke, das ist jedem klar. So, wie die Vision als Wegweiser verstanden werden kann, kann die Positionierung als Mission verstanden werden. Die Mission ist das Wie! Sie ist der Weg, wie die Vision erreicht werden soll. Zum Beispiel, indem man sich wie folgt positioniert: "Mobile-Apps für mehr Wettbewerbsfähigkeit von Maschinenbauunternehmen". Diese Positionierung ist tiefgreifend im Unternehmen verankert.

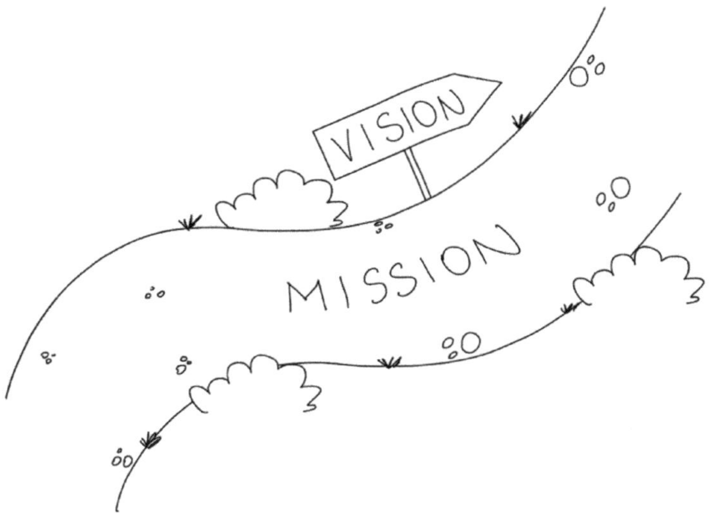

Auch in der Fachliteratur wird Positionierung teils sehr unterschiedlich definiert und beschrieben:

- In "Ogilvy On Advertising" definiert David Ogilvy Positionierung wie folgt: „What a product does, and who it is for." (1983, S.12). Er spricht also von den Ergebnissen und Vorteilen eines Produktes und von der Zielgruppe, für die das relevant ist.
- Al Ries and Jack Trout schreiben in "Positioning": "Positioning is not what you do to a product. Positioning is what you do to the mind of the prospect. That is, you position the product in the mind of the prospect." (2001, S.2). Für Ries und Trout geht es also um die Wahrnehmung des Produktes durch den Kunden.
- April Dunford definiert Positionierung in "Obviously Awesome" folgendermaßen: "Positioning is the act of deliberately defining how you are the best at something that a defined market cares a lot about." (1981, S.4). Für sie dreht sich bei der Positionierung alles darum, dem Kunden überzeugend klarzumachen, warum man der Beste in etwas ist.
- Russell Brunson schreibt in "Expert Secrets" (2017, S.58 ff.) davon, dass man sich als Unternehmen immer in einem von drei Core Markets befindet: Wealth, Health oder Relationships. Jeder dieser Core Markets besteht aus einer Vielzahl von Submarkets und jeder Submarket besteht aus unzähligen Niches. Ein Beispiel: Wealth (Core Market) → Real Estate (Submarket) → Flipping Houses (Niche). Das Ziel eines Unternehmens ist es, eine

entsprechende Nische zu finden oder sie zu kreieren, um sie anschließend zu besetzen. Das heißt nichts anderes, als sich zu positionieren.

- Al Ramadan, Dave Peterson, Christopher Lochhead und Kevon Maney - die Autoren von "Play Bigger" (2016) - erklären in ihrem Buch, wie man sich als Unternehmen seine eigene Nische erschafft und diese dann ganz automatisch als "Category King" besetzt. Das macht erfolgreiche Unternehmen aus. Für mich bedeutet das, sich richtig zu positionieren.
- W. Chan Kim und Renèe Mauborgne schreiben in "Blue Ocean Strategy": "Their [companies that break away from the competition] aim was not to outperform competitors. It was to offer a quantum leap in value that made the competition irrelevant." (2005, S.XIII). Erfolgreiche Unternehmen konzentrieren sich also in erster Linie auf ihre Kunden und nicht auf ihren Mitbewerb. Für sie geht es um den Wert, den sie für ihre Kunden stiften, damit sie nicht so leicht und direkt mit dem Mitbewerb vergleichbar sind. Auch darunter verstehe ich Positionierung.

Wenn wir uns diese Definitionen und Beschreibungen nun nochmal genauer ansehen, merken wir, dass in diesem Kontext folgende Dinge relevant sind:

- Angebot/Ergebnis,
- Zielgruppe/Markt und
- Nutzen/Wahrnehmung.

Wie man sieht, definiert jeder der Experten in seinem Bereich Positionierung auf eine andere Art und Weise. Das macht es natürlich schwerer, die Sache fassbar zu machen - vor allem, wenn man nicht aus dem Bereich Marketing kommt.

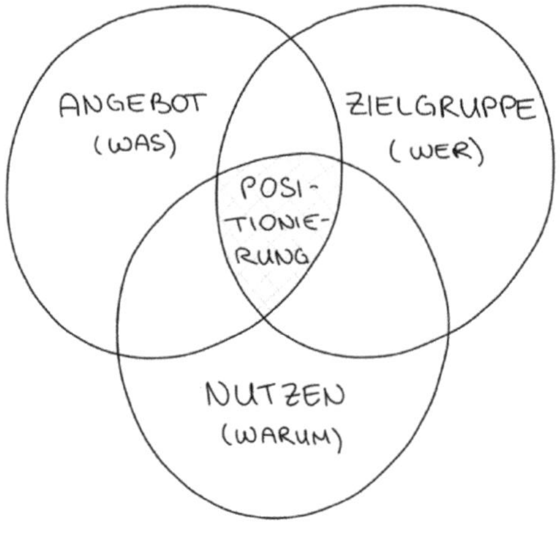

Die 3-Säulen-Positionierung

Ich sehe Positionierung auf folgenden drei Säulen basierend:

1. Was? (Angebot)
2. Wer? (Zielgruppe)
3. Warum? (Nutzen)

ad 1: Was biete ich an? Was bekommt der Kunde? Hier geht es um das Angebot und um die Ergebnisse.

ad 2: Wem biete ich das an? Wer ist mein idealer Kunde? Mit wem möchte ich zusammenarbeiten? Hier geht es um die Zielgruppe.

ad 3: Welche Vorteile hat der Kunde durch eine Zusammenarbeit mit mir? Was hat er von dem Ergebnis, das ich ihm liefere? Warum braucht der Kunde das? Hier geht es um den Nutzen, das Werteversprechen, die "Value Proposition" und um das Alleinstellungsmerkmal, die USP (Unique Selling Proposition).

Um das Ganze zu verdeutlichen, beleuchte ich die drei Säulen der Positionierung anhand eines einfachen Beispiels:
"Hochkonvertierende Websites für Frisörsalon-Inhaber, um bis zu 10% mehr Umsatz zu erzielen"

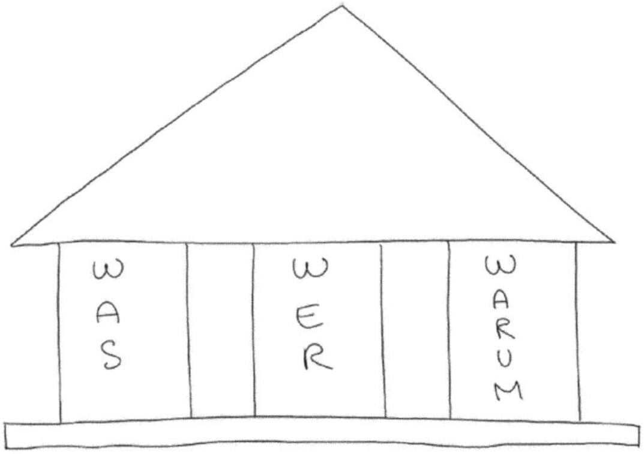

Die erste Säule, das Was: *Die hochkonvertierende Website.* Das ist das, was der Kunde am Ende der Zusammenarbeit bekommt. Das Angebot entspricht dem Ergebnis. Hier reicht die Bandbreite von einem individuellen Ergebnis (also für jeden etwas anderes), bis hin zu exakt demselben Ergebnis für jeden. Letzteres grenzt dann beinahe an ein Produkt oder ein SaaS (Software as a Service).

Die zweite Säule, das Wer: *Der Frisörsalon-Inhaber.* Die Zielgruppe umfasst ganze Branchen oder bestimmte Personen in bestimmten Unternehmen. Auch hier gibt es eine reichhaltige Bandbreite.

Die dritte Säule, das Warum: *Bis zu 10% mehr Umsatz.* Das ist der Grund, warum die Zielgruppe das Angebot in Anspruch nehmen und dadurch bessere Ergebnisse erreichen möchte. Der stärkste und wichtigste Vorteil dabei ist mehr Gewinn - entweder durch die Einsparung von Kosten oder das Erzielen von höherem Umsatz.

Jede der drei Säulen ist gleich wichtig. Umso stärker/breiter jede dieser drei Säulen ausgeprägt ist, umso spitzer ist die Positionierung. Ist eine Säule schwächer/schmäler ausgeprägt, hat man zwar immer noch eine Positionierung, diese ist dann aber nicht mehr so spitz, sondern eher breit.

Das könnte beispielsweise so aussehen:
"Hochkonvertierende Websites für Unternehmen im persönlichen Dienstleistungssektor, um bis zu 10% mehr Umsatz zu erzielen"

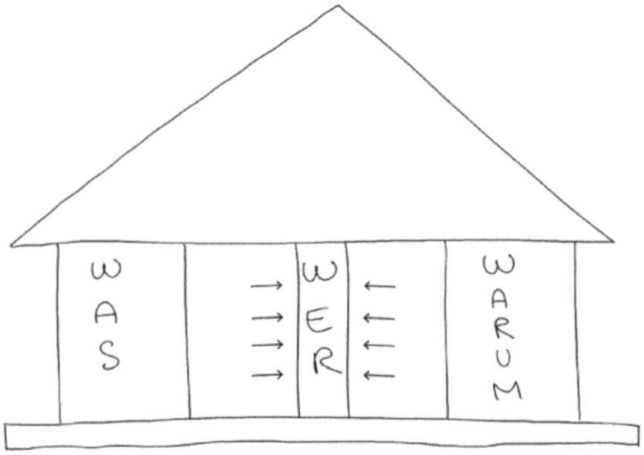

Es fällt auf, dass bei diesem Ansatz die zweite Säule, das Wer, wesentlich schwächer ausgeprägt ist. Es ist nicht mehr so genau definiert, nicht mehr so stark eingegrenzt. So wird die Positionierung im Gesamten breiter und damit das Angebot theoretisch für mehrere Kunden relevant. Allerdings (leider) nur theoretisch.

Neben Frisören könnte das Angebot nun theoretisch auch für Masseure relevant sein. Und auch noch für alle anderen Unternehmen in der persönlichen Dienstleistung. Selbiges kann man auch mit dem Was (Angebot) und dem Warum (Nutzen) machen. Man kann jede dieser drei Säulen beliebig stark oder schwach ausprägen.

Soeben habe ich behauptet, dass eine Positionierung mit einer weniger stark ausgeprägten Zielgruppe (Frisöre, Masseure und so weiter) theoretisch für mehrere Kunden relevant ist. Das ist eines der größten limitierenden Denkmuster beim Positionieren des eigenen Unternehmens. Eine weniger eingegrenzte Positionierung nennt man auch "breite Positionierung". In der Softwareentwicklung würde man so etwas zum Beispiel "Individuelle Softwareentwicklung für Unternehmen" nennen. Man sagt damit aus, dass man alles für jeden macht, oder zumindest vieles für viele. Man spricht alle Unternehmen an, die Software möchten. Das ist auch in der Tat das, was sehr viele Softwareentwickler und Software-Agenturen auf ihren Websites anbieten: Individuelle Softwareentwicklung für Unternehmen - ganz oben, ganz groß, ganz fett. Und sie sind sehr stolz darauf.

Das große Problem an der Sache ist aber, dass dieses Paradigma, dass breite Positionierung mehrere Kunden anspricht, nur die Sicht des Dienstleisters darstellt. Für den Kunden ist es nämlich genau andersrum. Das ist das Fatale. Das ist der größte Trugschluss, wenn es um Positionierung geht. Das ist das, was oft falsch verstanden wird. Als Dienstleister meint man, man kann alles (in dem jeweiligen Bereich natürlich). Das mag auch so sein, doch glaubt der Kunde das auch?

Versetze dich in die Lage des Kunden! Gehst du mit deinem Problem dorthin, wo man sagt, dass man alles kann oder gehst du dorthin, wo man sagt, dass man genau nur dein bestimmtes Problem lösen kann?

Angenommen, du hast einen Steinschlag in der Windschutzscheibe am Auto und die Reparatur muss schnell gehen. Wenn beides gleichermaßen verfügbar ist: Gehst du zu Carglass, die sich auf Steinschläge spezialisiert haben oder zu einer Werkstätte, die alles rund ums Auto macht?

Angenommen, du möchtest dein Badezimmer neu verfliesen lassen. Gehst du zum Fliesenleger, der sich auf Bäder spezialisiert hat oder gehst du zum Baustellen-Allrounder, der auch Fliesen verlegen kann? Hoffentlich zumindest!

Angenommen, du bist ein Startup und möchtest eine Sport-Tracking-App entwickeln lassen. Gehst du zur App-Entwicklungsagentur, die App-Entwicklung für Startups fokussiert oder gehst du zu einer Software-Agentur, der zwar Apps entwickeln kann, die aber auch Websites programmiert, Datenbanken aufsetzt, Dashboards entwickelt …?

Ich glaube, deine Antworten auf diese Fragen sind dieselben wie meine. Wir gehen immer zu den Spezialisten. Je spitzer jemand positioniert ist, umso mehr ist er der Spezialist. Ja, man lässt damit potenzielle Aufträge liegen. Die, die man jedoch bekommt, bekommt man wesentlich leichter. Und die anderen Aufträge? Die hätte man ohnehin nicht bekommen.

Wieso? Weil es auch für alle anderen Probleme ebenso spitz positionierte Dienstleister gibt, die diese Aufträge eher bekommen als du.

Jemand mit einer breiten Positionierung steht immer in der zweiten Reihe und geht deshalb meistens leer aus. Vor einem stehen unzählig besser positionierte Unternehmen. Nicht eines für jedes Problem, sondern für jedes Problem eines. Das ist ein kleiner, aber entscheidender Unterschied. Spezialisten sind gefragt. Generalisten sind manchmal nur das notwendige Übel.

Früher, als es noch nicht so viele Dienstleister in der Softwareentwicklung gab, war man mit "Individueller Softwareentwicklung für Unternehmen" schon der Spezialist. Man war so lange der Spezialist, bis es mehr und mehr Mitbewerber gab, die das auch anboten. Dadurch wurde man langsam und automatisch zum Generalisten. Die, die erneut innerhalb dieser Gruppe weiter fokussiert haben, wurden wieder zu Spezialisten - ein ewiges Spiel. Je mehr Mitbewerber es gibt, umso wichtiger ist eine spitze Positionierung. Je breiter die Positionierung ist, umso mehr Konkurrenz gibt es.

Zu guter Letzt noch eine etwas andere Analogie, um Positionierung von einer anderen Seite aus zu betrachten. Du kannst Positionierung als das Schaufenster eines Ladengeschäftes in einer belebten Einkaufsstraße in der Innenstadt sehen. Als Ladenbesitzer musst du dir ganz genau überlegen, was du wann und wie in dein Schaufenster stellst. Du nimmst vielleicht zwei bis drei Dinge und präsentierst diese entsprechend gut.

Niemand würde alle Artikel, die er verkauft, gleichzeitig in das Schaufenster stellen. Es wäre viel zu überladen und kein potenzieller Kunde, der an einem verschneiten Einkaufssamstag im Advent an deinem Laden vorbeigeht und in dein Schaufenster blickt, würde auf den ersten Blick verstehen, was man eigentlich bei dir kaufen kann, wofür du stehst. Wenn du “Individuelle Softwareentwicklung für Unternehmen” anbietest, machst du genau das. Du packst alles gleichzeitig in dein Schaufenster und sagst deinen Kunden: “Such dir aus, was du willst!”

Das Schaufenster ist aber dazu da, gezieltes Interesse bei potenziellen Kunden zu wecken. Es ist dazu da, die richtigen Kunden in den Laden zu locken. Es ist aber auch dazu da, die falschen Kunden sozusagen abzuschrecken. Der potenzielle Kunde kann so leichter entscheiden, ob es sich für ihn lohnt, in deinen Laden einzutreten.

Positionierung gestern, heute und morgen

Ich bin der Meinung, dass Positionierung umso wichtiger ist, umso mehr Dienstleister sich auf dem Markt für eine bestimmte Sache tummeln. Da das für viele Branchen mehr und mehr der Fall ist, ist Positionierung heute so wichtig wie nie zuvor. Die Wichtigkeit dafür wird auch weiter steigen. Außer man befindet sich in einem schrumpfenden Markt. Diesen sollte man aber ohnehin schnellstmöglich verlassen. Keine Positionierung der Welt kann gegen einen schrumpfenden Markt ankommen. Zumindest nicht langfristig. Und: "Business is an infinite game", schreibt auch Simon Sinek in "The Infinite Game" (2019).

Gehen wir mal hypothetisch zu dem Zeitpunkt zurück, an dem der erste Dienstleister mit "individueller Softwareentwicklung für Unternehmen" das Spielfeld betreten hat. Er musste sich nicht spezifisch positionieren. Seine extrem breite Positionierung war mehr als ausreichend. Er war der Einzige. Jeder, der individuell entwickelte Software wollte, musste zu diesem Dienstleister gehen. Es gab keine Alternativen. Es gab keine Mitbewerber. Er war die einzige Wahl.

Das war natürlich eine extrem lukrative Lage, die natürlich schnell weitere Spieler auf das Spielfeld gezogen hat. Viele wollten sich auch in diese glückliche Position bringen. Irgendwann waren dann hunderte und später tausende und abertausende Dienstleister, die "individuelle Softwareentwicklung für Unternehmen" angeboten haben, auf dem Spielfeld unterwegs.

Jemand, der dann individuell entwickelte Software wollte, konnte zu einem beliebigen der unzähligen Dienstleister gehen. Wie sollte er aber entscheiden, welcher der zahlreichen Dienstleister die beste Wahl sei? Er musste sich auf die Selbstdarstellung dieser Dienstleister verlassen. Wer vermittelte ihm das Gefühl, dass er sein Problem am besten lösen könnte? Vielleicht der, der ähnlich gute Referenzen vorweisen konnte? Das nahm etwas Unsicherheit. Garantien gab und gibt es ohnehin keine.

Die ersten Dienstleister haben dann verstanden, dass sie sich von den anderen unterscheiden mussten, um wieder die erste Wahl für ihre Kunden zu werden. Sie haben verstanden, dass sie sich auf EINE Zielgruppe und auf EIN Problem, das sie lösen konnten, festlegen mussten. Der Wunsch nach einer spitzen und klaren Positionierung war geboren. Also haben sie begonnen, Zielgruppen einzuschränken: *"... für Maschinenbauunternehmen"*. Andere haben Angebote eingeschränkt: *"Mobile App Entwicklung"*. Wieder andere haben beides gleichermaßen eingeschränkt. Manche haben zusätzlich auch über die Vorteile gesprochen, warum man gerade mit ihnen und nicht mit anderen zusammenarbeiten sollte oder was der Nutzen davon sei: *"... um die Wettbewerbsfähigkeit nicht zu verlieren"*.

Der Kunde musste zwar immer noch aus einer Vielzahl von Anbietern/Spielern wählen, fühlte sich aber bei jenem besser aufgehoben, der *"Mobile-Apps für mehr Wettbewerbsfähigkeit von Maschinenbauunternehmen"* anbot. Natürlich nur, wenn er ein Unternehmen im Bereich Maschinenbau hatte. Natürlich auch nur, wenn er dachte, dass eine Mobile App ihm bei der Sicherstellung seiner Wettbewerbsfähigkeit helfen konnte. In diesem Fall fühlte er sich sogar perfekt aufgehoben. War es kein Unternehmen aus dem Bereich Maschinenbau und/oder glaubte er nicht, dass eine Mobile App bei der Sicherstellung seiner Wettbewerbsfähigkeit helfen konnte, ging er woanders hin.

Genau das war und ist nach wie vor Sinn und Zweck der Positionierung: die richtigen Kunden magisch anzuziehen und die falschen Kunden von vornherein abzuweisen. Die, die angezogen werden, sind schon überzeugt davon, dass man der richtige Anbieter ist. Hier muss man sozusagen nur noch Bestellungen entgegennehmen. Das spart Ressourcen, steigert Effizienzen und erhöht die Zufriedenheit auf allen Seiten.

Gehen wir nun mal zusammen ein paar Schritte in Richtung Zukunft. Der Bedarf an Software steigt vermutlich eher als er sinken wird. Das heißt, die Zahl der Dienstleister wird auch weiterhin steigen. Das macht Positionierung immer wichtiger. Wenn wir uns nun jüngste Entwicklungen in Sachen Technologien ansehen und betrachten, was Künstliche Intelligenz heute schon alles leisten kann und in Zukunft noch alles leisten wird, wird hoffentlich noch klarer, wie wichtig Positionierung werden wird. Immer mehr Menschen werden mit Hilfe von Künstlicher Intelligenz immer mehr individuelle Software programmieren können. Das heißt, die Anzahl der Spezialisten für jedes Problem wird weiterhin steigen. Und zwar massiv. Zeitgleich werden auch die Kosten für individuell entwickelte Software sinken. Und zwar auch drastisch. Mit "Individueller Softwareentwicklung für Unternehmen" hat man spätestens dann absolut keine Chance mehr. Besser, du wartest nicht länger.

Die Wichtigkeit der Positionierung

Die Positionierung eines Unternehmens ist so essenziell wie es das Fundament für ein Haus ist. Mit einem stabilen Fundament ist alles wesentlich einfacher und ohne funktioniert vieles erst gar nicht. Marketing und Sales, die auf einem solchen Fundament aufbauen, funktionieren dann besser - und zwar um ein Vielfaches.

Positionierung entscheidet über Erfolg und Misserfolg. Ein erfolgreiches Unternehmen kann für sehr viele Jahre sehr viel Geld erwirtschaften und unglaublich viel Gewinn machen. Ich weiß nicht, aber wäre es vermessen zu sagen, dass eine spitze Positionierung Millionen Euros wert sein kann? Oder sogar Milliarden? Ich kann das natürlich nicht pauschal sagen, aber eines weiß ich ganz sicher: Ohne Positionierung erreicht ein Unternehmen diese Zahlen niemals. Wir werden noch über Google, Amazon und Facebook sprechen und ich werde dir zeigen, welchen Einfluss ihre initiale Positionierung auf ihren Erfolg hatte. Natürlich war Positionierung nicht ausschließlich für ihren Erfolg verantwortlich, sie hat aber bestimmt maßgeblich dazu beigetragen. Ich denke, kein Unternehmen kann es sich leisten, sich nicht mit der eigenen Positionierung auseinanderzusetzen. Dieser Fehler ist sehr teuer und wird in Zukunft noch viel teurer werden.

Aber wie wirkt sich eine spitze und klare Positionierung in deinem Unternehmen nun aus? Wie merkst du, dass du eine spitze und klare Positionierung hast? Ganz einfach: Wenn die richtigen Kunden zu dir kommen, du großen Spaß an der Arbeit mit ihnen hast, sie von den Ergebnissen absolut begeistert sind und du so dein

Unternehmen nach und nach weiter auf- und ausbauen kannst. Wenn du dann so richtig stolz auf dich bist und du dich unbesiegbar fühlst, dann hast du eine ideale Positionierung. Besser noch! Dann hast du eine perfekte Positionierung! Und das ist der Zielzustand, den wir erreichen wollen. Es klingt vielleicht utopisch, ist es aber nicht. Dieses Ziel ist aber mit harter Arbeit verbunden. Ich weiß aber, dass du harte Arbeit liebst, sonst wärst du nicht CEO eines Unternehmens. Du wärst dann nicht Unternehmer. Du wärst dann nicht selbstständig.

Wenn das alles sehr abstrakt für dich klingt, hier nochmal einige der Aspekte aufgelistet, die durch eine spitze und klare Positionierung erheblich verbessert werden: Kundenanfragen und -gewinnung, Kunden- und Mitarbeiterzufriedenheit, Planungssicherheit und Unternehmenswachstum.

Positionierung bietet viele Vorteile und - meines Wissens - wenige bis keine Nachteile. Vorausgesetzt, man macht es richtig.

- Positionierung führt dazu, dass sich die **Wunschkunden sehr stark angesprochen** und angezogen, während sich unpassende Kunden regelrecht abgewiesen fühlen. Positionierung wirkt wie ein Filter. Das ist gut, denn das spart Ressourcen. Du musst dich nicht stundenlang mit ungeeigneten Kunden unterhalten. Das steigert die Zufriedenheit auf allen Seiten.
- Positionierung führt zu einer **einfacheren Leadgenerierung** und effizienteren Kundengewinnung. Werbemaßnahmen können mit geringem Streuverlust durchgeführt werden. In Gesprächen überzeugst du deine Kunden viel einfacher, weil du ihre Probleme kennst und sie direkt ansprechen kannst.
- Positionierung führt zu mehr **Klarheit und Orientierung**. Jeder weiß, was der andere macht oder will - Kunden wie Mitarbeiter. Das führt zu mehr Erfolg, weil weniger Zweifel und Unsicherheiten entstehen.
- Positionierung sorgt für **Vertrauen**, eine notwendige Grundlage für Zusammenarbeit, gerade in Dienstleistungsunternehmen. Und speziell bei teuren und länger andauernden Dienstleistungen, wie zum Beispiel bei der Entwicklung von individueller Software.
- Positionierung kommuniziert, welche **Ergebnisse** du für welche Zielgruppe erzielen kannst. Und im Idealfall sprichst du auch über die Vorteile dieser

Ergebnisse. Damit übernimmst du Verantwortung, aber auch Risiko. Eine Sache, die wirtschaftlich immer belohnt wird.

- Positionierung führt dazu, dass man eher als **Spezialist** und weniger als Generalist wahrgenommen wird. Spezialisten können höhere Preise für ihre Dienstleistungen verlangen. Leute wollen nämlich dann mit einem zusammenarbeiten. Das heißt konkret, dass Umsatz und Gewinn pro Mitarbeiter steigen.
- Positionierung führt auch dazu, dass man **weniger direkt mit anderen vergleichbar** ist. Im Idealfall ist man gar nicht mehr mit anderen vergleichbar. Auch das führt zu mehr Gewinn, weil es keine echten Alternativen gibt.
- Positionierung führt zu **Exzellenz**. Wer auf Grund einer spitzen Positionierung immer wieder dasselbe macht, ist in der einen Sache auch wesentlich besser als jemand, der jedes Mal etwas anderes macht. Das führt in weiterer Folge zu besseren Kundenergebnissen und damit auch zu höherer Kundenzufriedenheit. Wenn Kunden zufriedener sind, macht das auch den Mitarbeitern mehr Spaß. Folglich steigt auch die Mitarbeiterzufriedenheit.
- Positionierung bewirkt, dass die **Mitarbeitergewinnung besser** funktioniert. Bewerber können wesentlich leichter entscheiden, ob sie das, was in dem jeweiligen Unternehmen gefordert wird, auch tatsächlich machen möchten beziehungsweise können.
- Positionierung kann auch die **Grundlage für eine eigene Produktentwicklung** sein. Wenn die Positionierung sehr spitz angelegt ist, kann aus einem Dienstleistungsunternehmen ein Unternehmen mit eigenem Produkt werden. Und so können Umsatz und Gewinn pro Mitarbeiter potenziell noch höher steigen.
- Positionierung führt auch dazu, dass man sich endlich **das Unternehmen aufbauen** kann, das man schon immer haben wollte. Dass man es schafft, eine Maschine zu bauen, die von selbst einwandfrei läuft und dadurch laufend Umsätze und Gewinne erwirtschaftet.
- Positionierung verhilft auch zu **Stolz**. Stolz sein auf das, was man geschaffen hat. Und stolz auf den Menschen, der man dabei selbst geworden ist.

Um es auf den Punkt zu bringen: Positionierung führt zu Erfolg und Wachstum und Wachstum ist notwendig. In der Natur sagt man: “Entweder wächst es oder es stirbt”. Man sagt, dass das auch für das menschliche Leben gilt. Und ich glaube, dass das auch für Unternehmen gilt. Die Weltwirtschaft entwickelt sich grundsätzlich stets vorwärts. Wenn ein Unternehmen aber stehen bleibt, dann entwickelt es sich - relativ gesehen - rückwärts. Solange, bis es stirbt!

Ohne Positionierung stirbt dein Unternehmen. Langsam, aber sicher! Es tut mir leid, dass ich das so deutlich formulieren muss. Aber manchmal muss eine Aussage schmerzvoll sein, damit sie auch gehört wird. Und weil du bestimmt nicht willst, dass dein Unternehmen stirbt, sollte Positionierung zur absoluten Top-Priority für dich werden. Nicht irgendwann, sondern genau jetzt!

Für wen ist Positionierung relevant?

Positionierung ist für wirklich jede Art von Unternehmen relevant. Für Unternehmen, die abstrakte Dienstleistungen, wie zum Beispiel Softwareentwicklung, Unternehmensberatung, Coachings, Trainings und dergleichen anbieten, ist sie aber absolut entscheidend.

Warum gerade für diese Unternehmen? Weil man die Ergebnisse oftmals nicht so leicht greifen kann! Schon gar nicht zu Beginn. Und hinterher kann man sie auch nicht vergleichen. Alles beruht nur auf Vertrauen und Hoffnung. Vertrauen in den Dienstleister und Hoffnung darauf, dass ein möglichst gutes Ergebnis erreicht wird. Vertrauen und Hoffnung begleiten einem bis zum letzten Tag der Zusammenarbeit. Wenn also vorher nicht ganz klar ist, worauf ein Unternehmen spezialisiert ist und kein Gefühl dafür vermittelt wird, wie wahrscheinlich die angestrebten Ergebnisse erreicht werden, dann wird es schwierig für den Kunden, sich für diesen Dienstleister zu entscheiden. Das ist auch kein Wunder. Dem Kunden fehlt jegliche Entscheidungsgrundlage. Wenn die Entscheidung für eine Zusammenarbeit mit jemandem langfristig ist und dann logischerweise auch nicht mehr so einfach umkehrbar ist, fällt dem Kunden die Erstentscheidung wesentlich schwerer. Und die Sache verschärft sich nochmals deutlich, wenn viel Geld auf dem Spiel steht. Alle diese Kriterien sind bei der Entwicklung von Software gegeben.

Um es auf den Punkt zu bringen: Positionierung ist höchstrelevant für Unternehmen, die auftragsbezogene Software für andere Unternehmen entwickeln. Sie ist "mandatory", nicht "nice to have". Sie entscheidet über Erfolg und Misserfolg.

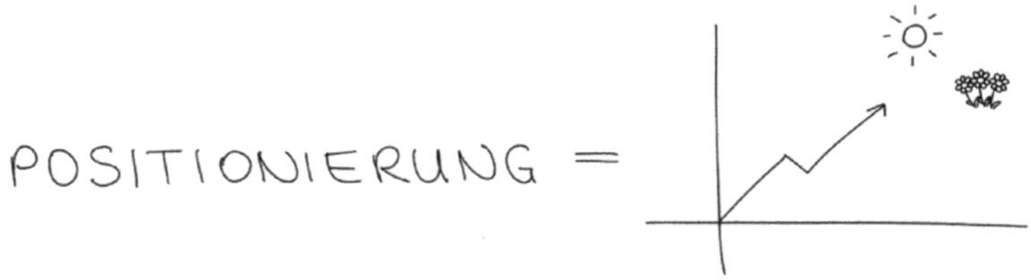

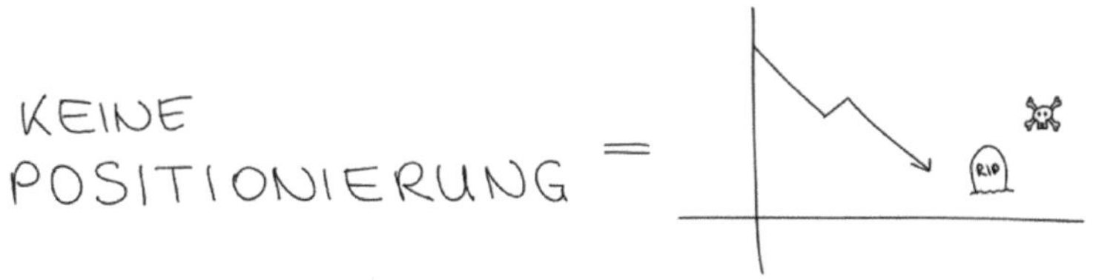

Ich glaube auch, dass Positionierung besonders Fachkräften schwerfällt. Ich glaube, dass das so ist, weil sie im Laufe ihrer Ausbildung immer wieder das Gefühl vermittelt bekommen haben, dass ihre Skills allein wertvoll sind. Bitte verstehe mich nicht falsch! Die Skills sind wertvoll, aber eben nicht ausschließlich. Außer man befindet sich in einem Angestelltenverhältnis. Dann sind die Skills allein wertvoll. Arbeitgeber stellen Leute auch auf Grund ihrer Skills ein. Oder besser gesagt, hauptsächlich wegen ihrer Skills. Als Selbstständiger muss man sich jedoch auch vermarkten können. Es nützt nichts, wenn man eine Sache gut kann, es aber niemand sieht, weiß oder glaubt. Man muss glaubhaft vermitteln können, dass man die beste Wahl für die Lösung eines bestimmten Problems ist. Das kann man nur, wenn man ein bestimmtes Problem immer und immer wieder erfolgreich gelöst hat. Niemand kann alles und daher glaubt dir dein potenzieller Kunde nicht, dass du sein Problem am besten lösen kannst, wenn du "Individuelle Softwareentwicklung für Unternehmen" anbietest. Weil du damit indirekt behauptest, dass du alle Probleme lösen kannst.

Ein Beispiel: Viele Software-Freelancer sprechen oft und gerne darüber, was sie alles können. Und im nächsten Moment auch gleich darüber, was sie dafür verlangen. Sie sprechen also über Skills und Kosten. Alles Dinge, die die Fachkraft in den Mittelpunkt stellt. Aber interessiert das den Kunden vorrangig? Er stellt sich eigentlich nur eine wesentliche Frage: Was habe ich davon? Auf Englisch: What's in it for me? Diese Frage wird sehr selten proaktiv von Fachkräften beantwortet. Sie gehen grundsätzlich davon aus, dass das klar sei. Sie meinen: "Wenn ich als Fachkraft beispielsweise Software entwickeln kann, dann ist doch klar, dass du Software von mir bekommst, wenn ich für dich arbeite." Ja, das mag schon verständlich sein, was jedoch ist "Software" genau? Was habe ich als Kunde von "Software"? Warum brauche ich "Software"? Und warum brauche ich das gerade von dir und nicht von einem der anderen 72.384 Fachkräfte da draußen? Nun ja! Diese Frage können die wenigsten Fachkräfte beantworten. Genau deshalb wachsen die wenigsten auch kontinuierlich. Und genau deshalb kämpfen die meisten mit der Kundenakquise und mit dem Unternehmensaufbau. Sie sind zu sehr selbstfokussiert. Und der Markt bestraft sie dafür beinhart.

Noch ein Punkt: Wer "Entwicklung individueller Software für Unternehmen" anbietet und Aufwände pro Stunde abrechnet, sagt damit auch indirekt, dass er keine Verantwortung und kein Risiko für die Endergebnisse übernehmen will. Er lässt alles offen. Auch das sind Dinge, die der Markt hart bestraft.

Wie sieht nun der Ausweg aus der Misere aus?

Du ahnst es: Eine spitze und klare Positionierung.

Zur Erinnerung: Ich meine damit, klare Ergebnisse für eine definierte Zielgruppe anzubieten und dabei die spezifischen Vorteile für sie zu fokussieren: Was - Wer - Warum! So einfach. Zumindest theoretisch.

Wann ist der richtige Zeitpunkt für Positionierung?

Die Antwort gleich vorweg: Für jedes Unternehmen ab Tag 1. Das ist aber leider unrealistisch - zumindest für Dienstleistungsunternehmen, wie zum Beispiel Software-Agenturen. Zu Beginn glauben viele einfach nicht, dass das Thema wichtig ist. Oder es ist ihnen gar nicht bewusst. Sie glauben, es genügt, eine gefragte Fähigkeit zu besitzen. Bis zu einem bestimmten Level genügt das auch. Aber Vorsicht: Dieses Level sinkt von Jahr zu Jahr. Und zwar deutlich, weil immer mehr Leute ihre Skills auf selbstständiger Basis anbieten.

Für detailliertere Infos siehe https://www.wko.at/statistik/jahrbuch/am-selbstaendige.pdf (Stand 28.05.2025).

Der wichtigste Zeitpunkt, ab wann man sich wirklich intensiv mit dem Thema Positionierung auseinandersetzen muss, ist für mich, wenn das Unternehmenswachstum stagniert. Und zwar über Jahre hinweg. Die meisten verbrennen dann aber leider umgehend Geld für Werbung und Verkauf, was aber nicht funktioniert, weil das Fundament dafür fehlt.

Manche Unternehmen erkennen früher, dass sie sich mit dem Thema auseinandersetzen müssen, manche später. Ich habe es schon erlebt, dass sich Unternehmen innerhalb des ersten Jahres damit auseinandersetzten. Ich kenne aber auch Unternehmen, bei denen es 25 Jahre gedauert hat. Ich habe damals zwei bis drei Jahre benötigt.

Grundlegend gilt: Je früher, desto besser. Am besten ab Tag 1, am zweitbesten genau jetzt! Bitte warte keinen weiteren Tag mehr, wenn deine Software-Agentur stagniert und du daher frustriert bist. Wenn du Marketing beginnst ernst zu nehmen, wirst du dich wieder stolz fühlen. Vermutlich so, wie du dich auch ganz zu Beginn gefühlt hast. Ich meine, eine Sache ist, nicht zu wissen, was man tun muss. Die andere Sache ist aber, es zu wissen und es trotzdem nicht zu tun. Weil du diese Zeilen hier liest, weiß ich, dass du nicht zur zweiten Gruppe gehörst.

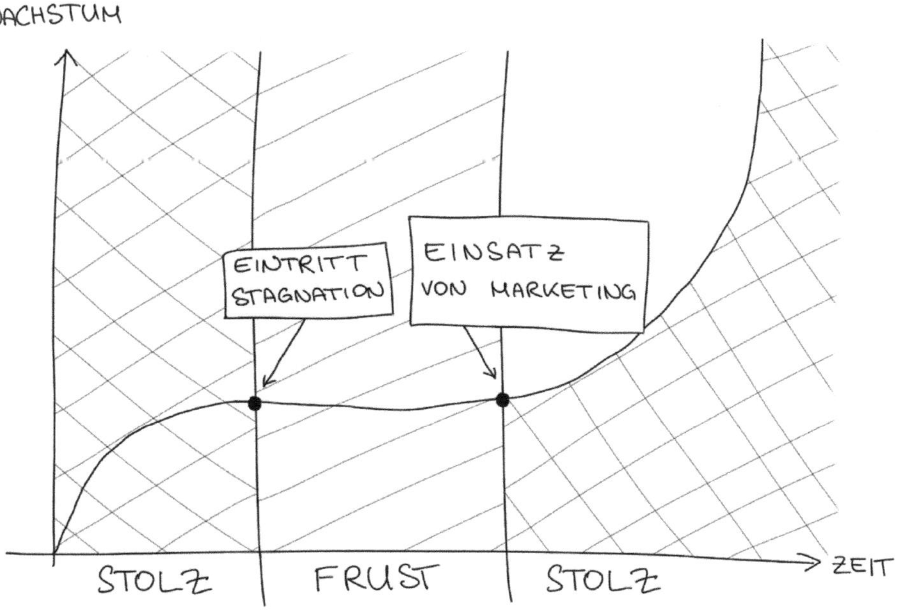

Wie wirkt sich Positionierung intern aus?

Positionierung wirkt nicht nur von außen, sie wirkt auch im Innern. Hast du erst mal eine klare und spitze Positionierung, hast du automatisch auch mehr Klarheit und Orientierung. Klarheit über deine Zielkunden. Klarheit über dein Angebot/Ergebnis. Und Klarheit über den Nutzen, den du dadurch stiftest. Das ist ein gutes Gefühl, denn Klarheit erlaubt es auch, zielgerichtetere Aktionen zu setzen. Klarheit führt daher zu Orientierung. Zum Beispiel, wenn es um Teamaufbau beziehungsweise -ausbau geht. Du kannst wesentlich genauer jene Personen anwerben, die du brauchst, wenn du weißt, was du genau liefern musst. Genauso war das damals bei mir, als ich ganz spezifisch nach Blockchain-Entwicklern suchen konnte, weil wir "NFT Smart Contract Development für Startups" fokussierten. Ich wusste exakt, was/wen ich benötigte.

Auf der anderen Seite hilft diese Klarheit auch potenziellen, neuen Mitarbeitern. Sie können so wesentlich besser entscheiden, ob dein Unternehmen das richtige für sie ist, ob sie das, was in deinem Unternehmen benötigt wird, auch tatsächlich machen wollen. Ich habe es selbst schon erlebt, dass nach außen mit etwas geworben wurde, was dann intern nicht so eingehalten wurde. Entweder war das Absicht oder aber das Unternehmen wusste es auf Grund einer fehlenden Positionierung nicht besser. Auf jeden Fall hat es mich massiv gestört. Und Positionierung hilft natürlich auch aktuellen Mitarbeitern, weil auch sie so leichter einschätzen können, ob sie am richtigen Ort sind.

Was ist spitze und breite Positionierung?

Bei einer spitzen Positionierung werden - wie bereits festgestellt - diese folgenden drei Fragen völlig klar beantwortet: Was wird angeboten? Für wen ist das relevant? Was sind die Vorteile für den Kunden? Was, wer, warum! Angebote, Zielgruppe, Nutzen! Das sind die drei Säulen einer guten und klaren Positionierung. Im Umkehrschluss ist eine breite oder - besser gesagt - eine nicht vorhandene Positionierung eine, bei der keine der drei Fragen klar beantwortet wird. Man versteht weder, was man bekommt, noch für wen das relevant ist und auch nicht, warum Kunden diese Dienstleistung überhaupt in Anspruch nehmen sollten. Man müsste erst viel Zeit und Energie investieren, um das durch Gespräche herauszufinden. Das macht niemand, wenn mehr als genügend Alternativen vorhanden sind. Und heutzutage sind mehr als genügend Alternativen vorhanden. Tendenz steigend!

Zu Beginn habe ich schon erwähnt, dass man jede der drei Säulen beliebig schwach oder stark ausprägen kann - sprich spitz oder breit definieren kann. Wir haben bereits besprochen, dass die Formulierung *"Hochkonvertierende Websites für Frisörsalon-Inhaber, um bis zu 10% mehr Umsatz zu erzielen"* alle drei Säulen sehr stark ausgeprägt hat. Das heißt, dass die Positionierung sehr spitz ist.

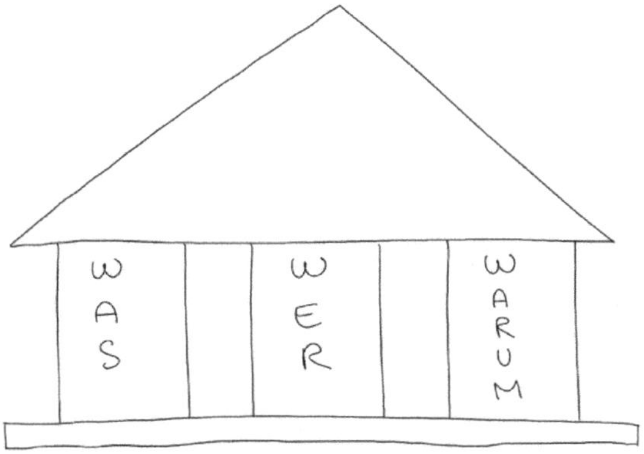

Im Vergleich dazu ist bei "Hochkonvertierende Websites *für Unternehmen im persönlichen Dienstleistungssektor*, um bis zu 10% mehr Umsatz zu erzielen" die zweite Säule der 3-Säulen-Positionierung, das Wer, schwächer ausgeprägt. Ich würde sagen, es ist daher eine breitere Positionierung im Gesamten, sie ist aber vielleicht immer noch ausreichend spitz:

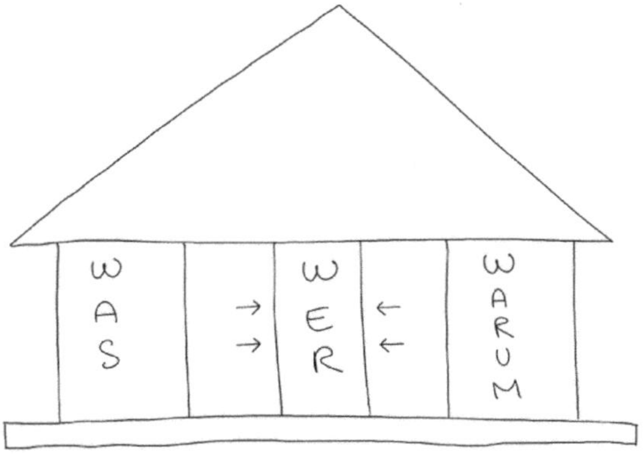

Wenn wir die Positionierung weiter verbreitern wollen, könnte das beispielsweise wie folgt aussehen: “Hochkonvertierende Websites *für Unternehmen*, um bis zu 10% mehr Umsatz zu erzielen”. Hier ist das Wer erneut sehr viel schwächer ausgeprägt und damit die gesamte Positionierung sehr viel breiter:

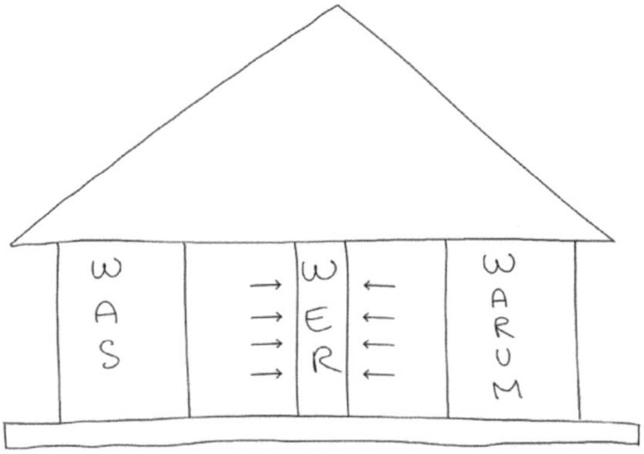

Das, was wir gerade mit der Wer-Säule gemacht haben, kann man auch mit der Was- und Warum-Säule machen. Man kann jede der drei Säulen beliebig stark oder schwach ausprägen. All das ändert die Positionierung. All das ändert die Wahrnehmung auf Kundenseite. Und zwar nicht nur ein bisschen - sondern enorm!

Sieh dir nachfolgende zwei Beispiele an und mache dir Gedanken darüber, wie spezialisiert du die jeweiligen Positionierungen wahrnimmst und mit wem du Kontakt aufnehmen würdest, wenn du Frisörsalon-Inhaber wärst (und auch, mit wem du sicher nicht in Kontakt treten würdest).

Die Positionierung “Hochkonvertierende Websites für Unternehmen, *um online präsent zu sein*” hat neben dem Wer auch noch das Warum deutlich schwächer ausgeprägt. Eine noch breitere Positionierung als die ursprüngliche. Hier weiß man nicht mehr so genau, was das bedeutet und folglich bringen soll:

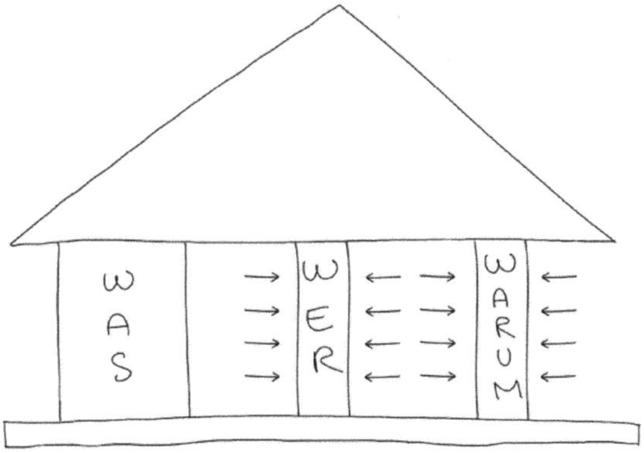

Die Positionierung "*Software* für Unternehmen, um online präsent zu sein" hat zusätzlich auch noch das Was schwächer ausgeprägt. Erneut eine noch breitere Positionierung als die vorherige. Hier weiß man überhaupt nicht mehr, was man eigentlich bekommt:

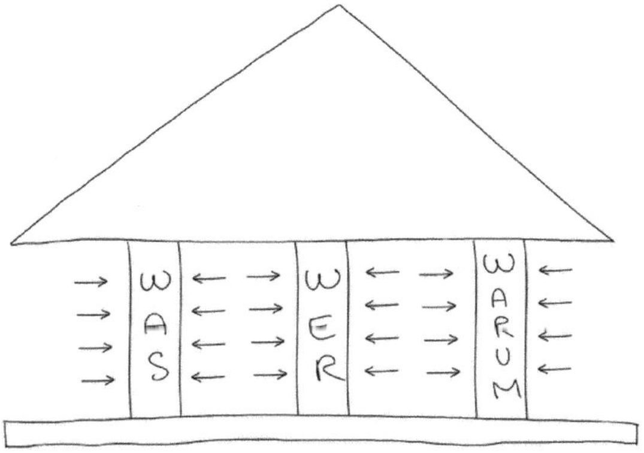

Die Wahrheit sieht aber leider noch etwas anders aus. Viele Unternehmen haben sich wie folgt "positioniert": "Individuelle Softwareentwicklung für Unternehmen". Das steht auf gefühlt 8 von 10 Websites von Software-Agenturen. Hier sind die Was- und die Wer-Säule extrem schwach ausgeprägt und die Warum-Säule fehlt gänzlich. Alles in allem daher eine sehr, sehr breite Positionierung:

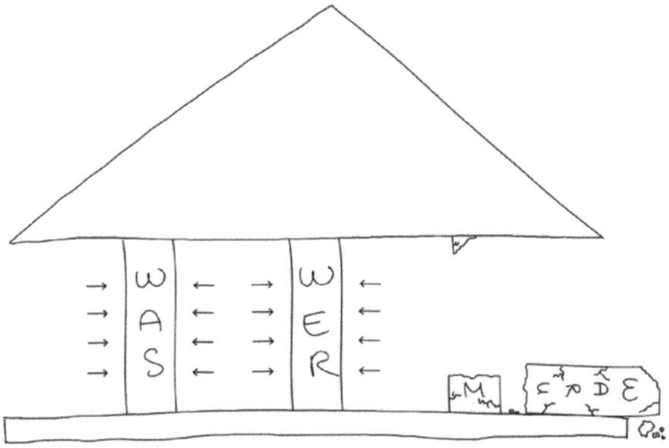

Stell dir die drei Säulen wie drei Drehregler an einem alten analogen Gerät vor. Du kannst jeden Drehregler (Was, Wer, Warum) von Stufe 1 bis Stufe 10 beliebig rauf und runter drehen. 1 bedeutet nicht eingegrenzt (sehr breit), 10 bedeutet sehr stark eingegrenzt (sehr spitz). Eine ausreichend spitze Positionierung ist nun eine, bei der die Summe der drei Drehregler einen gewissen Wert überschreitet. Diesen Wert musst du als Unternehmer zunächst selbst festlegen. Wie du diesen Schwellwert erreichst, bleibt ebenfalls dir überlassen. Du kannst ihn zum Beispiel mit einem mittelstark eingegrenzten Was, einem schwach eingegrenzten Wer und einem stark eingegrenzten Warum erreichen. Genauso kannst du den Schwellwert aber auch erreichen, indem du das Was sehr stark eingrenzt, das Wer nur mittelstark und das Warum mittelschwach.

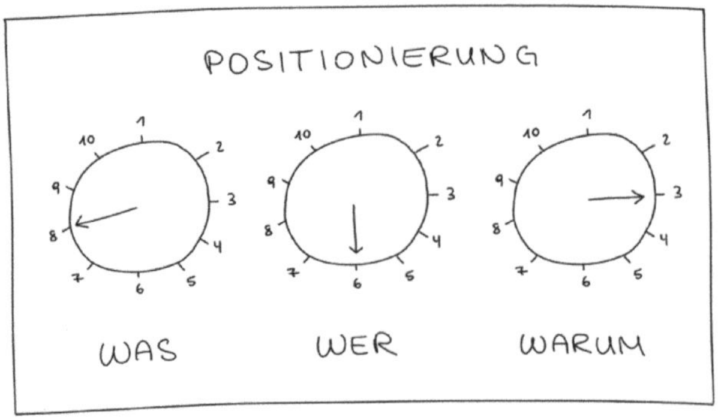

Versuchen wir uns das noch anschaulicher anhand eines Beispiels vorzustellen: Angenommen, der Schwellwert für eine ausreichend spitze Positionierung liegt bei 17 von möglichen 30. Du kannst nun das Was auf eine 8, das Wer auf eine 6 und das Warum auf eine 3 drehen und erreichst so den gewünschten Schwellwert. Genauso kannst du aber auch jede andere Kombination wählen, deren Summe mindestens 17 ergibt.

Wo genau der Schwellwert für eine ausreichend spitze Positionierung liegt, kann ich dir leider nicht beantworten. Das hängt stark vom Markt, den Mitbewerbern und den Kunden ab und ändert sich zudem auch ständig. Das musst du selbst durch Ausprobieren herausfinden.

Eines kann ich aber mit Sicherheit sagen: Je gesättigter der Markt an Dienstleistern ist, umso höher ist der Schwellwert. Liegst du darunter, bist du "unterpositioniert".

Und noch etwas kann ich dir sicher sagen: Je höher der Wert, den du durch Stellen der drei Drehregler erreichst, desto spitzer deine Positionierung!

Aber Achtung: Das funktioniert nur bis zu jenem Punkt, an dem die Anzahl an potenziellen Kunden noch groß genug ist.

Es gibt auch den Bereich der "Überpositionierung". In diesem befindest du dich, wenn du dich durch deine Positionierung so stark zugespitzt hast, sodass du gar keine Kunden mehr gewinnen kannst. Und zwar aus folgenden Gründen: Entweder, weil du schon alle Unternehmen mit deiner Dienstleistung versorgt hast oder es allgemein so wenige Unternehmen als Kunden in diesem Bereich gibt. Dann bist du sozusagen "überpositioniert". Ich kann dir auch nicht sagen, ab wann du "überpositioniert" bist. Auch das hängt vom Markt, den Mitbewerbern und den Kunden ab und auch das ändert sich ständig. Neben dem Bereich der "Überpositionierung" gibt es auch den der "Unterpositionierung". Eine Unterpositionierung tritt auf, wenn zu viel für zu viele verschiedene Leute angeboten wird. Wenn der Eindruck entsteht, der Kunde kann sich aussuchen/wünschen, was er dort bekommt. Zwischen diesen beiden Bereichen liegt die optimale Positionierung. Innerhalb der optimalen Positionierung gilt: Je spitzer, desto besser!

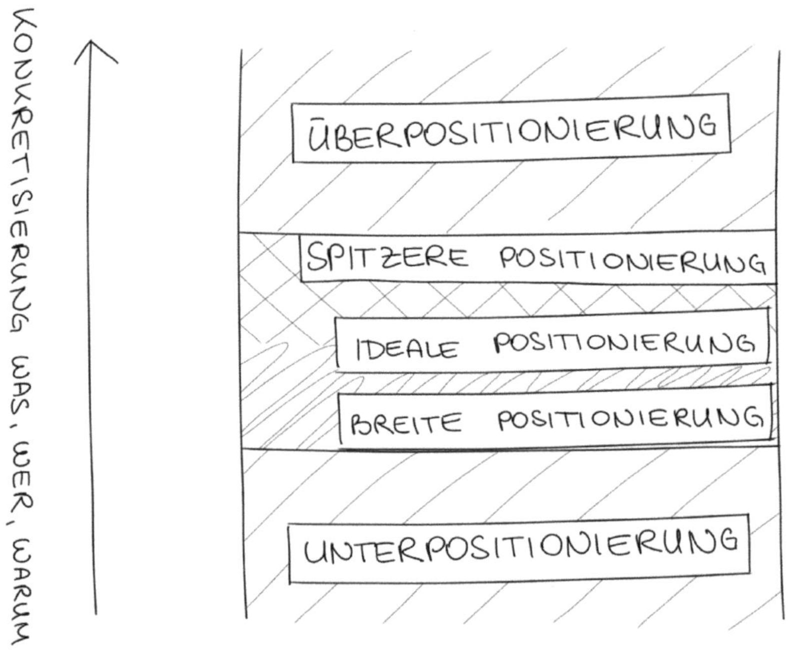

Positionierung kann und muss sich laufend ändern, weil sich auch Märkte, Mitbewerber und Kunden laufend ändern. Man muss die Positionierung daher ständig im Auge behalten und sie gegebenenfalls von Zeit zu Zeit anpassen. Nicht laufend, nicht jeden Tag, aber doch alle paar Monate oder Jahre.

Damit das Ganze auch für Softwareentwickler etwas greifbarer wird, hier ein Beispiel einer Softwareentwicklungs-Agentur: Ubilabs GmbH ist ein Unternehmen aus Deutschland, das sich auf die Visualisierung von ortsbezogenen Daten auf Karten spezialisiert hat. Auf ihrer Website schreiben sie: "Mit uns werden Daten sichtbar, erfahrbar und nutzbar." (https://ubilabs.com/de, Stand 09.05.2025). Unter ihrem Menüpunkt "Leistungen" sieht man, dass es um Kartenanwendungen und um Datenvisualisierung geht. Es hat den Anschein, dass Ubilabs mehr oder weniger nur das macht. Sie haben sich also bezüglich ihres Angebots, dem Was, sehr stark eingeschränkt. Wahrscheinlich eine 8 oder 9. Für wen das relevant ist, lassen sie aber weitestgehend offen. Unter "Branchen" nennen sie unter anderen: Mobilität, Logistik oder Smart Cities. Vielleicht ist das eine 3 oder eine 4. Ubilabs macht "Daten sichtbar, erfahrbar und nutzbar". Das entspricht dem Warum, dem Vorteil für den Kunden. Ein starkes Warum! Vielleicht eine 7 oder eine 8. Wenn man die drei Bereiche nun summiert, ergibt das gesamt 18 bis 21. Die Positionierung dürfte damit über dem notwendigen Schwellwert liegen. Im öffentlich einsehbaren Firmenbuch sieht man, dass Ubilabs kontinuierlich wächst. Man sieht auch, dass sie mehr Umsatz und Gewinn pro Entwickler erzielen als viele andere Software-Agenturen. Nämlich zwei bis vier Mal so viel! Ein Unternehmen, das Positionierung wirklich gemeistert hat.

Wie zeigt sich breite Positionierung?

Viele Software-Agenturen und auch alle anderen Dienstleistungsunternehmen, die keine oder eine zu breite Positionierung haben, klagen als erstes über fehlende Anfragen, ausbleibende Kunden und generell über ein ewiges Auf und Ab. Nicht selten kommen deren Projekte entweder nur durch Glück und Zufall zustande oder ihre Kunden kommen aus dem persönlichen Netzwerk. Das ist nicht planbar, nicht vorhersehbar und schlussendlich frustrierend.

CEOs würden aber gerne wachsende Unternehmen aufbauen. Sie wissen, sie müssen etwas unternehmen, weil sie es anders nicht schaffen. So beginnen sie in Marketing- und Sales-Maßnahmen zu investieren. Sie buchen Services zur Leadgenerierung, kaufen Social Selling Programme und polieren ihre Website auf. Sie investieren in SEO (Search Engine Optimization) und in Google Ads. Die meisten merken aber nicht, dass sie damit an der falschen Stelle investieren. Sie versuchen die Symptome zu bekämpfen, fragen sich aber nicht, was die wirkliche Ursache ihrer Probleme ist. Ich kann es ihnen sagen: Es ist entweder eine fehlende oder eine zu breite Positionierung. Wenn niemand versteht, was man macht, bringt es auch nichts, das beispielsweise durch Paid Ads hinauszuposaunen. Zuerst muss die Positionierung ausgearbeitet und dann können Marketing- und Sales-Maßnahmen getroffen werden. Nicht umgekehrt!

Wenn man nämlich nicht in der Lage ist, laufend neue Kunden zu gewinnen, bleibt man auf dem Level, auf dem man aktuell ist. Aber auch nur dann, wenn keine bestehenden Kunden wegbrechen. Das Business stagniert. Das ist riskant. Das heißt, ganz direkt ausgedrückt, dass Unternehmen ohne Positionierung scheitern werden - entweder früher oder etwas später. Aber ziemlich sicher! Schade!

Bekommst du nur ab und zu mal eine Anfrage eines potenziellen Kunden? Kommen viele oder alle deiner aktuellen Projekte und Kunden aus dem persönlichen

Netzwerk? Funktionieren Marketingmaßnahmen nicht wie gewünscht? Hat es bisher nichts gebracht, auf Social Media aktiv zu sein? Wenn du all diese Fragen mit einem "Ja" beantwortest, ist es ein Indiz dafür, dass deine Positionierung entweder gar nicht vorhanden ist oder aber, dass sie einfach unzureichend spitz und klar ausgearbeitet ist. Nichts, was man nicht verbessern könnte.

Ich formuliere es so: Keine Positionierung führt zu keinen Anfragen. Keine Anfragen führen zu keinen neuen Kunden und Projekten. Keine neuen Kunden und Projekte führen zu keinem Wachstum. Kein Wachstum führt über kurz oder lang zum Tod deines Unternehmens. Ich weiß, das klingt hart.

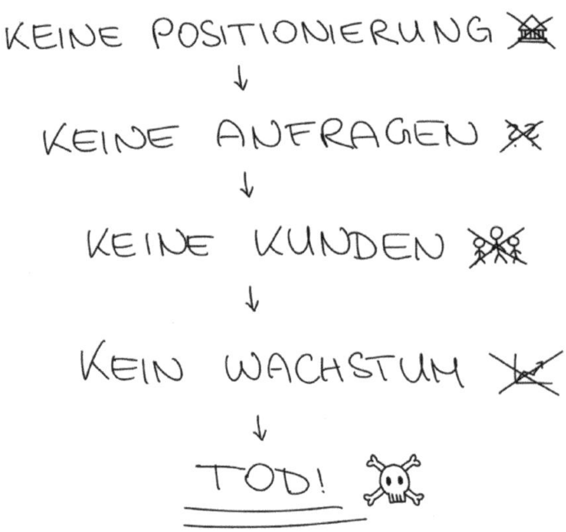

Ich bin davon überzeugt, dass Positionierung zwischen Erfolg und Misserfolg entscheidet. Wenn du weiterhin nicht an deiner Positionierung arbeitest, wirst du weiterhin auch nur an den Kundenprojekten arbeiten, an denen du auch heute schon arbeitest. Die hast du vermutlich aber nicht ewig. Irgendwann sind laufende Projekte fertig. Auch wenn du meinst, dein Kunde wird dich wiederholt beauftragen. Es gibt nicht immer neue Projekte. Hinzu kommen auch noch unterschiedliche wirtschaftliche Phasen. Das heißt, es werden weniger Projekte werden.

Ich habe das selbst erlebt. Entweder schaffst du es dann, neue Projekte an Land zu ziehen oder deine Kapazitäten sind bald höher als deine Auslastung. Das ist dann der Punkt, ab dem es sehr schmerzhaft wird. Das weiß ich aus eigener Erfahrung mit meiner Software-Agentur. Zwei schlechte Monate fressen einen guten Monat schnell wieder auf. Irgendwann musst du den ersten Entwickler entlassen. Dann einen nach dem anderen, bis du irgendwann wieder allein bist. Du fragst dich, ob du dann überhaupt noch ein echter Unternehmer bist oder ob du ab dann einfach “nur” wieder selbstständig bist. Du stehst dann am selben Punkt wie vor vielen Jahren - bevor du noch eine Agentur hattest. Umsonst scheint all die harte Arbeit, der große Aufwand, der viele Stress, die hohe Unsicherheit und die große Hingabe gewesen zu sein. Wenn du dann nicht wieder als Freelancer aktiv wirst, wie du es vermutlich ganz zu Beginn warst, dann ist irgendwann all das Geld aufgebraucht und du musst Insolvenz anmelden. Oder du schließt vorher dein Unternehmen. Du hast dann auf ganzer Linie versagt, bist deinen eigenen Erwartungen nicht gerecht geworden, bist zutiefst enttäuscht von dir selbst. Alle rund um dich herum haben es ohnehin immer schon gewusst. Sie hatten recht: Du wirst es nie schaffen, ein erfolgreiches Unternehmen aufzubauen. Du scheinst einfach nicht gut genug zu sein. Du hast große Selbstzweifel. Du verfällst möglicherweise in eine schwere Depression. Und du … AUS! SCHLUSS JETZT! Weiter will ich das wirklich nicht ausführen.

Ich weiß, ich habe hier ein sehr düsteres Bild gezeichnet. Aber einfach keine oder eine zu breite Positionierung zu haben, führt genau auf diesen Weg. Das will ich dir ganz deutlich vor Augen führen. Willst du diesen Weg nicht lieber vermeiden?

Woran scheitert Positionierung?

Je öfter und länger ich mit Inhabern von Unternehmen in der Softwareentwicklung an diesem Thema arbeite, umso mehr wird mir eines klar: Wenn Positionierung scheitert, liegt es selten an der Positionierung selbst. Es scheitert am Mindset der Unternehmensinhaber, an ihren Denkmustern, an ihren Überzeugungen, an ihren Meinungen. Sie können und wollen einfach nicht glauben, dass ein eingeschränktes Angebot zu mehr Umsatz führt. Sie glauben nicht, dass eine eingeschränkte Zielgruppe zu mehr Gewinn führt. Das ist völlig unverständlich für sie. Ihnen hilft dann auch meine eigene Erfahrung nicht und auch nicht der Umstand, dass alle erfolgreichen Unternehmer, ich meine wirklich alle, immer und immer wieder davon sprechen, dass Fokus die Voraussetzung für Erfolg ist. Fokus ist für mich an dieser Stelle nur ein anderes Wort für Positionierung.

Wenn man ganz ehrlich ist und es auf den Punkt bringt: Diese Unternehmer haben eine unglaublich starke, aber festgefahrene Meinung zu etwas, von dem sie in Wahrheit keine Ahnung haben. Sie meinen zu wissen, wie Marketing funktioniert, obwohl sie es nie gelernt haben. Marketing ist aber genauso eine wissenschaftliche Disziplin wie es Informatik ist. Man muss es erlernen! Manche sind nicht offen dafür, etwas Neues zu lernen. Daran scheitert Positionierung.

Ich hatte beispielsweise mal einen Fall, in dem ein mit seinem Wachstum unzufriedener Kunde in einer Beratung nicht und nicht von seiner Position abgerückt ist. Er war felsenfest davon überzeugt, dass eine breitere Positionierung zu mehr Projekten und Kunden führt. Das ist das #1 limitierende Denkmuster, mit dem ich tagtäglich konfrontiert werde. Ich habe über vier Workshop-Sessions hinweg immer wieder sehr hart versucht, von der anderen Seite, vom anderen Blickwinkel aus zu argumentieren. Von der Seite, dass nur eine spitze Positionierung zu mehr Projekten und Kunden führt. Immer wieder habe ich ihn herausgefordert, er ist immer wieder zurückgefallen. Es war irgendwie aussichtslos. Nach etlichen Wochen haben wir uns auf eine mittelmäßig spitze Positionierung geeinigt. Ich habe aber gemerkt, er glaubt nicht daran. Auch vier Monate später stand immer noch "Individuelle Softwareentwicklung für Unternehmen" auf seiner Website. Also immer noch eine ausgesprochen breite Positionierung in den Bereichen Was und Wer. Auf das Warum hat er sogar gänzlich verzichtet. Auf mehrmaliges Nachfragen zur Umsetzung der Positionierung hörte ich immer wieder nur: "Wir arbeiten noch daran." Ich weiß leider, dass der Kunde sie nie umsetzen wird. Seine verhärtete Überzeugung hindert ihn am Vorankommen. Das ist unglaublich schade. Nicht, wegen der Zeit und Energie, die wir zusammen investiert haben! Auch! Aber es ist deswegen so schade, weil dieser Unternehmer nie das volle Potenzial seiner Software-Agentur ausschöpfen wird - zumindest solange nicht, solange er selbst von seiner eigenen Meinung in einem Bereich überzeugt ist, von dem er eigentlich absolut keine Ahnung hat.

Das ist in neun von zehn Fällen der wirkliche Grund, warum Positionierung scheitert. Eine "Unterpositionierung" durch falsche Überzeugungen. In dem einen oder anderen Fall ist es eine "Überpositionierung". Diese tritt auf, wenn man seine Positionierung so spitz ausgestaltet, dass praktisch niemand mehr dafür als Kunde in Frage kommt.

Man kann nie alle Unternehmen erreichen. Selbst wenn man das könnte, würden nie alle bei einem kaufen beziehungsweise mit einem zusammenarbeiten. Daher ist es wichtig, dass die Zahl der Unternehmen, die für die gewählte Positionierung als

Kunden in Frage kommen, nicht zu niedrig ist. Was genau "zu niedrig" ist, kann ich leider nicht pauschal definieren. Wenn man beispielsweise davon ausgeht, dass man 1% des Marktes bedienen kann, muss die Gesamtkundenzahl 100 Mal so groß sein als die Anzahl der Kunden, die man haben möchte. Realistischer ist es, man rechnet mit 0,1%. Das heißt, es muss 1000 Mal so viele Unternehmen geben wie die, die man als Kunden erreichen möchte. Wenn du aber mit 10% rechnest, bist du meines Erachtens viel zu optimistisch. Gerade zu Beginn ein fataler Fehler!

Wenn es um den Markt/die Zielgruppe geht, gibt es laut Alex Hormozi in "$100M Offers" (2021, S.34) vier Faktoren, die man berücksichtigen muss:

- die Zielgruppe muss sich in einer wachsenden oder gleichbleibenden Phase befinden
- die Zielgruppe muss ansprechbar sein
- die Zielgruppe muss einen Schmerz haben
- die Zielgruppe muss zahlungskräftig sein

Ist auch nur eines der vier Kriterien nicht erfüllt, wird es schwierig. In einem schrumpfenden Markt muss man unglaublich stark wachsen, um auf demselben Level zu bleiben. Manche Zielgruppen sind allerdings nicht ansprechbar, weil sie ihre Probleme nicht kundtun. Dann kann man ihnen auch nichts verkaufen. Wenn die Zielgruppe kein Geld zur Lösung ihrer Probleme hat, ebenfalls nicht. Und man kann ihr auch nichts verkaufen, wenn die Zielgruppe keinen Schmerz spürt oder sich dessen nicht bewusst ist. Ein weiterer Grund, warum Positionierung manchmal scheitert, ist, dass diese vier Kriterien bei der Definition der Positionierung nicht ausreichend berücksichtigt werden.

Noch ein wichtiger Aspekt zur Zielgruppe: Meine Theorie ist, dass es zwei unterschiedliche Kundengruppen gibt: Die, die ihre Probleme selbst verantworten und lösen (Selbstlöser) und die, die dafür einen Partner suchen (Partner-Sucher). Was ich damit sagen möchte, ist, dass es Kunden gibt, die selbst die Verantwortung und das Risiko für die Lösung ihrer Herausforderungen übernehmen. Sie lösen ihre Probleme selbst. Klar, dass sie dafür Leute brauchen, welche sie in erster Linie unter den Angestellten suchen. Im Falle von Problemen, die mit Software gelöst werden können, sind das Softwareentwickler. Diese Unternehmen haben grundsätzlich selbst Entwickler, brauchen aber vielleicht zu einem bestimmten Zeitpunkt noch mehr Manpower. Dann machen sie sich auf die Suche nach einem Dienstleister, der

Softwareentwickler bereitstellen kann. Manchmal kann es auch aus rein unternehmenspolitischen Gründen sein, dass mit externen Software-Agenturen zusammengearbeitet wird. Es sind dann andere Budgets oder andere Zuständigkeiten betroffen. Sie suchen Personen mit bestimmten Skills - zum Beispiel Kenntnis über bestimmte Programmiersprachen - zu einem bestimmten Preis. Mit diesen Kunden wirst du nie wirklich auf Augenhöhe zusammenarbeiten. Sie sind selbst ihr eigener Spezialist! Wenn du dort als weiterer selbstständiger Spezialist auftauchst, bist du ein Spezialist zu viel. Sie werden dich nicht wertschätzen. Sie werden sich immer selbst als "übergeordnet" betrachten und entsprechend handeln. Dich werden sie entsprechend "von oben herab" behandeln.

Dann gibt es aber Kunden, die einen Partner zur Lösung ihrer Probleme suchen. Das sind meist Unternehmen, die von Softwareentwicklung keine Ahnung und auch keine Erfahrung haben. Dort bist du als Spezialist der einzige Spezialist und daher wirst du dort auch als wertvoll angesehen! Sie interessieren sich nicht für Programmiersprachen. Sie interessieren sich auch nicht dafür, wie viel Zeit du für die Lösung ihrer Probleme aufbringen musst. Sie interessieren sich für drei Dinge: Was es sie kostet, was es ihnen bringt und wann sie es haben können. Das sind die Kunden, mit denen eine Zusammenarbeit wirklich Spaß macht und deren Projekte erfolgreich sind.

Wenn du mehr sein willst als bloß ein "Handlanger", als bloß eine "verlängerte Werkbank" eines anderen, dann suche dir unbedingt Kunden, die zur zweiten Kundengruppe gehören und vermeide um jeden Preis Kunden der ersten.

Wie setzen andere Branchen Positionierung um?

Lass mich dir dazu eine kurze Geschichte erzählen: Im September 2014, als ich mit meinem neuen Auto, ein gebrauchter VW Passat, vom Händler nach Hause gefahren bin, machte es auf der Autobahn kurz vor der Abfahrt ganz plötzlich einen lauten Knall. Oh, nein, ein Steinschlag! Verdammt! Zuhause angekommen, bin ich direkt zu meinem Laptop marschiert, um mir einen Termin für die Reparatur zu buchen. Was, denkst du, habe ich in die Adresszeile meines Browsers eingetippt? Richtig, www.carglass.at.

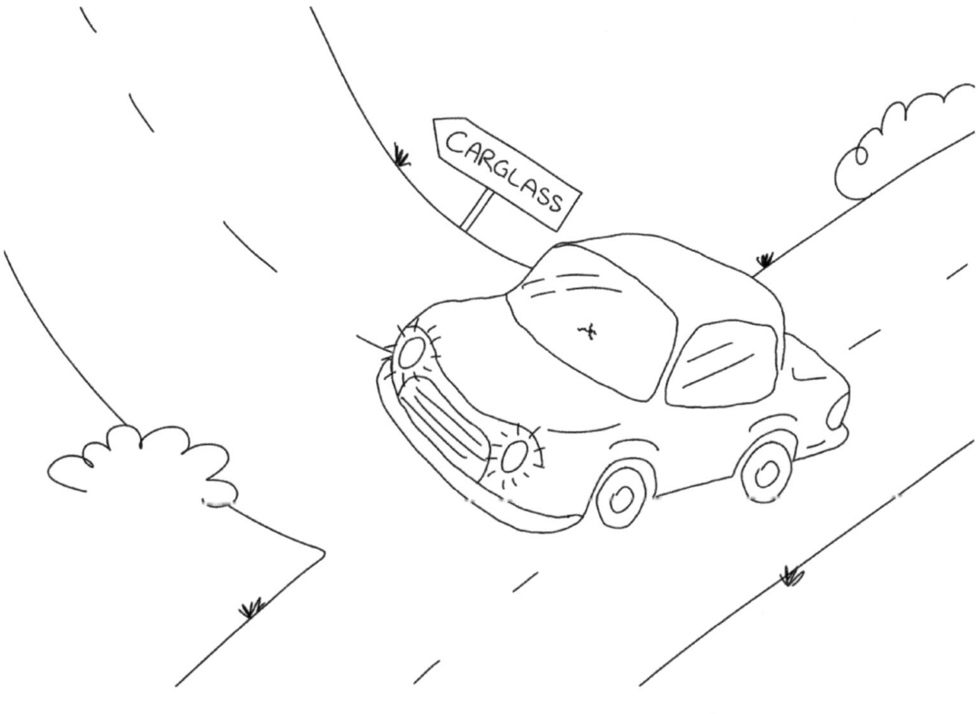

Kennst du Carglass? Ich bin mir fast sicher, du kennst dieses Unternehmen. Warum? Weil sie verdammt gut positioniert sind. Sie haben es geschafft, das Thema "Autoglas-Schaden" zu besetzen. Bei Carglass arbeiten bestimmt sehr viele, sehr kompetente Mitarbeiter, die auch andere Dinge machen könnten als nur Windschutzscheiben zu reparieren oder zu tauschen. Denk mal daran, was ein ausgebildeter KFZ-Mechaniker alles machen kann: Er kann den Motor reparieren, Bremsen tauschen, Reifen wechseln und, und, und … All das machen sie aber bei Carglass nicht. Sie machen nichts anderes als kaputtes Glas zu reparieren oder zu tauschen. Carglass hat sein Angebot eingeschränkt. Und zwar massiv. Genau deshalb kennt heute jeder dieses Unternehmen. Carglass hat das Angebot, das Was, die erste Säule der 3-Säulen-Positionierung, derart klar definiert, sodass es keiner weiteren Einschränkung der beiden anderen Säulen, dem Wer und dem Warum, mehr bedarf. Jeder Autobesitzer, der ein kaputtes Glas hat, ist die Zielgruppe. Automatisch, weil Angebot (Was) und Zielgruppe (Wer) Hand in Hand gehen. Ein Angebot ist nur für eine bestimmte Zielgruppe relevant. Die Vorteile, das Warum, sind hier auch völlig klar: kein kaputtes Glas mehr zu haben, die ursprüngliche Funktion wiederherzustellen, die Fahrzeugsicherheit aufrecht zu halten, etc. Das sind alles Dinge, die greifbar und daher leicht verständlich für die Kunden sind. Das muss an dieser Stelle nicht extra erwähnt werden. Bei abstrakten und nicht so geläufigen Dingen muss aber auch das klar herausgestellt werden. Carglass ist für mich ein Paradebeispiel von spitzer Positionierung aus einem völlig anderen Bereich.

Sehen wir uns ein anderes Beispiel aus dem KFZ-Bereich an: der österreichische Automobil-Club ÖAMTC und sein deutsches Pendant, der ADAC. Beide sind Unternehmen, die sich in erster Linie auf die Pannenhilfe spezialisiert haben. Du hast eine Panne mit deinem Kraftfahrzeug? Sofort denkst du an den ÖAMTC/ADAC. Natürlich haben beide Unternehmen über die Jahre hinweg nach und nach ihr Angebot erweitert. Aber sie sind nach wie vor hochspezialisiert. Sie machen nicht alles rund um das KFZ, wie es zum Beispiel KFZ-Werkstätten tun. Sie bieten nur ein paar ausgewählte Dienste an und ihr Fokus liegt nach wie vor auf einer Sache: Pannenhilfe. ÖAMTC und ADAC treten damit nicht in den Mitbewerb mit anderen hunderttausenden KFZ-Werkstätten, wenn es um die Reparatur eines Autos geht. Durch ihre spitze und klare Positionierung hat der ÖAMTC in Österreich unterm Strich nur den ARBÖ - einen weiteren Pannendienst - als Mitbewerber. ÖAMTC und ADAC sind sehr gute Beispiele für erfolgreiche Positionierung.

Was ist mit Google, Facebook und Amazon? Auch das waren zu Beginn hochspezialisierte Unternehmen, die mehr oder weniger nur eine einzige Sache gemacht haben. Google war nur eine Suchmaschine. Facebook war nur ein Online-Jahrbuch für Harvard-Studenten. Amazon war nur ein Online-Buchhändler. Du siehst also, dass auch heutige Weltkonzerne nicht mit einer breiten Positionierung begonnen haben. Sie haben nicht alles für jeden gemacht. Alle haben sich zu Beginn nur auf eine einzige Sache konzentriert. Alle waren zu Beginn spitz positioniert und haben ihre Positionierung erst nach und nach verbreitert.

Ganz wichtig: All diese Unternehmen wurden erst erfolgreich und haben dann ihre Positionierung erweitert, nicht umgekehrt. Das verwechseln leider viele. Hätte Google schon zu Beginn mit nur zwei Mitarbeitern versucht, hunderte Dienste für Büro und Alltag anzubieten, wären sie bestimmt nicht das geworden, was sie heute sind.

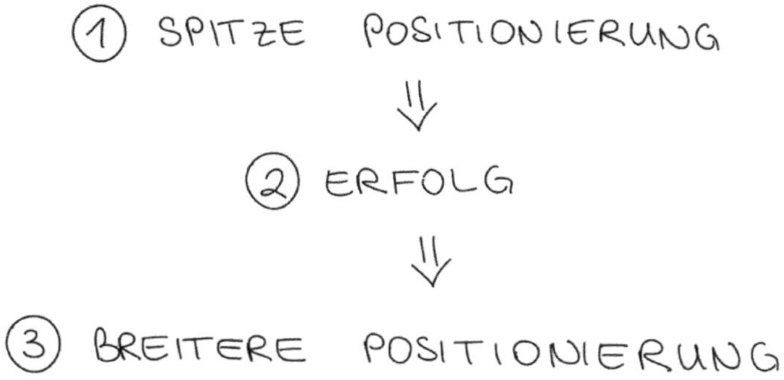

Es ist einfach unglaubwürdig, wenn eine Software-Agentur mit 20 Mitarbeitern indirekt durch "Individuelle Softwareentwicklung für Unternehmen" behauptet, sie kann alles für jeden anbieten. Sie kann vielleicht tatsächlich ALLES, aber NICHTS besonders gut. Oder nichts so gut wie jemand, der nur eine einzige Sache macht. Ich glaube, das ist jedem intuitiv klar. Große Software-Agenturen, die vielleicht auch "Individuelle Softwareentwicklung für Unternehmen" anbieten und damit erfolgreich sind, sind es, weil sie 400 Mitarbeiter haben und bereits seit 20 Jahren am Markt sind. Mit dieser Menge an Mitarbeitern und an Erfahrung kann man auch vieles sehr gut. Du musst extrem aufpassen, wie und mit wem du dich vergleichst.

Welche Bedeutung hat Positionierung und Marketing im Allgemeinen?

Marketing wird leider oft, sehr oft, mit Werbung gleichgesetzt. Man hört vielfach: "Wir machen kein Marketing." Was damit gemeint ist, ist, dass man keinerlei Wert auf Werbung legt. Dabei ist Werbung nur einer der vielen Bereiche des Marketings. Marketing wird immer "gemacht". Es wird "gemacht", wenn du deine Dienstleistung definierst, wenn du einen Preis dafür festlegst, wenn du Kundenakquise betreibst, wenn du auf Social Media aktiv bist und … und … und …

- Dan Kennedy definiert Marketing in "The Ultimate Marketing Plan" wie folgt: "So, a workmanlike definition of marketing is: Getting the right message to the right people via the right media and methods - effectively, efficiently, and profitably." (2011, S.X).
- In "Magnetic Marketing" (2009) schreibt Dan Kennedy über Unternehmen: "In a nutshell, 80 percent do poorly / 20 percent succeed." (S.18). "The typical entrepreneur and business owner is essentially clueless when it comes to advertising and marketing." (S.19). Weiters schreibt er, dass Marketing nur eine einzige Frage beantworten muss: "Why should I choose you versus any and every other provider of the same product or service that you provide?" (S.23). Dan Kennedy fokussiert eines der vier Ps sehr stark, nämlich Promotion. Kein Wunder, er ist Zeit seines Lebens Direct Marketer.
- Seth Godin schreibt in "This Is Marketing": "Most of all, marketing is change". (2018, S.XII). Er betrachtet das Thema auf einer höheren Ebene. Es geht für ihn darum, Menschen zur Handlung, zur Aktion, zur Veränderung zu bewegen. Damit sie etwas kaufen, etwas glauben, etwas tun.

Ich würde Marketing auch eher als Instrument sehen, um Menschen aktiv zu Gunsten ihres Unternehmens zu beeinflussen. Das kann erreicht werden, indem man ein begehrtes Produkt oder eine begehrte Dienstleistung anbietet (Product, eines der vier Ps), indem man Vertriebskanäle wählt oder optimiert (Place, ein weiteres der vier Ps), indem man sein Produkt oder seine Dienstleistung effektiv bewirbt (Promotion, das dritte P) oder indem man einen attraktiven Preis dafür festlegt (Price, das vierte P im Marketing).

Und noch ein Satz zum Wort "beeinflussen": Dieses Wort wird gerne negativ gesehen. Doch jeder beeinflusst jeden! Und das jeden Tag! Es ist nichts grundsätzlich

Negatives. Es wird nur dann negativ, wenn man es einsetzt, um einen anderen vorsätzlich zu schaden. Ein seriöses Unternehmen existiert aber vorwiegend, um Probleme zu lösen und Bedürfnisse seiner Kunden zu befriedigen. Wenn man dafür Leute beeinflusst, ist das etwas durchaus Positives.

Nochmal auf den Punkt gebracht: Im Marketing geht es darum, andere zu beeinflussen. Das heißt aber nicht automatisch, dass dies zum Nachteil von jemand anderem sein muss. Ich glaube bei Business-Deals an Win-Win Situationen. An Situationen, in denen beide Parteien - Dienstleister und Kunden - gewinnen. Ich glaube, ein guter Deal findet auch nur dann statt, wenn beide Seiten davon überzeugt sind, dass sie danach besser dastehen als davor. Ansonsten würde auf den Deal verzichtet werden - von mindestens einer der beiden Seiten.

Weitergedacht heißt das, das Marketing nötig ist, um Geschäfte zu machen. Ich glaube, damit wird letztlich auch klar, wie relevant und wichtig das Thema im Allgemeinen ist. Ohne Marketing kein Business! Es gibt fast nichts Wichtigeres in einem Unternehmen. Und genau das übersehen so viele Unternehmer - im Speziellen Techniker.

Warum wird das Thema unterschätzt?

Viele Unternehmer unterschätzen das Thema nicht bewusst, aber sie überschätzen ein anderes Thema massiv, nämlich ihr Produkt oder ihre Dienstleistung. Im Vergleich dazu erscheint ihnen Marketing oftmals als deutlich weniger relevant. Sie denken, wenn sie ein gutes Produkt oder eine gute Dienstleistung anbieten, benötigen sie Marketing nicht. Dabei ist ja das Produkt oder die Dienstleistung genaugenommen schon Teil des Marketings. Product ist eines der vier Ps. Sie meinen also, dass es genügt, gut in einer Sache zu sein.

Wenn das genügen würde, wäre immer das beste Produkt oder die beste Dienstleistung die erfolgreichste. Aber dem ist nicht so! Und zwar deshalb nicht, weil es dabei nicht um Tatsachen geht, sondern immer nur um Wahrnehmungen. Was glaubt der Kunde, welches das beste Produkt ist? Von welchem Dienstleister ist er überzeugt, dass er sein Problem am besten lösen kann? Das ist der einzig entscheidende Punkt! Und weil bei einer Dienstleistung "besser oder schlechter" sehr viel subjektiver ist als bei physischen Produkten, ist gutes Marketing hier auch sehr viel wichtiger. Es geht - wie bereits besprochen - darum, andere zu beeinflussen. Du willst andere davon überzeugen, dass du die beste Wahl für das Lösen ihres Problems bist. Das schaffst du nur mit gutem Marketing. Und Marketing beginnt mit der Positionierung. Eine Sache, die ich auch erst Schritt für Schritt lernen musste.

Mit welchen Marketing-Herausforderungen sind vor allem Fachkräfte konfrontiert?

Ich würde mich selbst als sehr wachstumsorientierte Person bezeichnen. Eines meiner Mottos ist: "Growth - Every Day!" Wenn ich ein Ziel erreicht habe, setze ich mir sofort das nächste. Selbst das Feiern kommt dann zu kurz, weil ich schon das nächste fokussiere. Ich weiß, da kann ich noch etwas dazulernen, aber glücklicherweise geht es hier nicht um mich. Aus diesem Grund habe ich mich auch nie mit dem zufriedengegeben, was ich erreicht habe, sondern wollte immer mehr erreichen - gerade unternehmerisch. Das ist auch heute noch so ...

Damals wollte ich meine Software-Agentur kontinuierlich weiter aufbauen. Ich habe als Freelancer begonnen und war nach 6 Monaten voll ausgelastet. Eigene Mitarbeiter waren für mich dann der offensichtliche, logische, nächste Schritt. Also habe ich welche eingestellt. Nach und nach hat sich meine tägliche Arbeit verändert. Ich habe immer weniger entwickelt und immer mehr Marketing und Sales betrieben. Meine Aufgabe war es, mein Unternehmen sichtbar zu machen und Aufmerksamkeit zu erregen. Ich musste jetzt ja nicht mehr nur mich mit Arbeit versorgen, sondern hatte auch Verantwortung gegenüber meinen vier Mitarbeitern. Wenn man als Freelancer allein in seinem Unternehmen ist, ist es nicht schlimm, wenn man mal ein paar Wochen oder Monate kein Projekt hat. Man kann dann einfach Urlaub machen oder die Zeit genießen. Meist sind die laufenden Ausgaben als Freelancer auch gering. Wenn man aber vier Mitarbeiter hat, ist das deutlich anders. Einerseits sind da Personalkosten. Andererseits wollen motivierte Mitarbeiter ja auch etwas Sinnvolles tun und nicht einfach nur darauf warten, bis das nächste Projekt kommt. Und von da an wird es meist schnell unbefriedigender. Wenn der Druck steigt, nimmt man irgendwann auch Projekte an, die man eigentlich nicht annehmen möchte. Aber man braucht das Geld, um laufende Rechnungen und Ausgaben abzudecken. Bei solchem, ständigen Auf und Ab kann man einfach kein Unternehmen aufbauen. Das habe ich schnell gemerkt. So gab es mal eine extrem anstrengende Zeit für mich. Wir hatten mehr Kapazitäten als Projekte und so habe ich auch ein Projekt angenommen, das ich eigentlich nicht wollte. Kurz gesagt: Dieses eine Projekt machte mir täglich große Kopfschmerzen, der Kunde war nicht zufrieden und meine Mitarbeiter waren es auch nicht. So wollte ich kein Unternehmen führen. Aber ich hatte keine andere Wahl, ich brauchte das Geld. Wir haben das Projekt dann doch irgendwie abgeschlossen. Aber es war trotzdem keine zufriedenstellende Situation. Meine Mitarbeiter wollten

Sinnvolleres machen. Und da ich sie ja bezahlen musste, wollte ich sie schnell wieder sinnvoll einsetzen. So starteten wir ein internes Projekt, weil ich es nicht rechtzeitig geschafft hatte, ein neues Projekt an Land zu ziehen. Wir haben ein paar Monate lang an einer Micro-Learning App gearbeitet. Dieses interne Projekt hat aber viel Zeit und Energie von der Akquise abgezogen. Hinzu kam auch noch, dass der Markt damals sehr schwierig war. Das soll keine Ausrede sein. Ein guter Unternehmer kann sein Unternehmen auch gut durch schwierige Zeiten steuern. Mir gelang das nur mäßig. Oder ehrlich gesagt, gelang mir das überhaupt nicht. Wir hatten finanzielle Reserven der Vormonate und Vorjahre, von denen wir zehren konnten. Ich war unzufrieden und enttäuscht. Unzufrieden mit mir und enttäuscht von mir selbst. Ich dachte, ich wäre bereits ein guter Unternehmer. Das war ich aber nicht, bei Weitem nicht. Ich hatte es bis dahin nämlich noch nie geschafft, laufend neue Anfragen zu erhalten und neue Kunden zu gewinnen. Bis dahin hatte ich wohl einfach nur Glück oder/und der Zeitpunkt war glücklich. Dann aber, als die Zeiten herausfordernder wurden, durchlebten wir ein ständiges Auf und Ab. Projekte kamen bis dahin immer entweder durch Zufall oder durch mein persönliches Netzwerk. Mal hatte ich mehr Projekte als Mitarbeiter und mal war es genau umgekehrt. Es passte nie für längere Zeit. Irgendetwas fehlte immer. Unterm Strich verbrannte ich Geld. Ich war extrem frustriert! Wie baut man ein Unternehmen auf? Diese Frage habe ich mir erst dann zum ersten Mal gestellt. Bis dahin dachte ich, ich kann das intuitiv. Dem war aber nicht so. Also habe ich recherchiert. Ich habe mir angesehen, wie andere Software-Agenturen das machen. Besser gesagt, was sie gemacht haben, um dort hinzukommen, wo sie heute sind. Ich habe mir Business-Vorbilder gesucht, von denen ich lernen konnte. Ich habe mir Coaching-Programme und Mentorships gekauft. Ich bin auf Events und zu Seminaren gefahren. Alles in allem habe ich deutlich über 50.000€ ausgegeben. Nein, ich habe sie investiert! Ich habe unzählige Bücher zu Business, Marketing, Sales, Mindset, Behavioral Psychology/Economics und Persuasion gelesen. Ich habe Podcasts gehört und Videos konsumiert. Alles nur mit einem Ziel: Zu lernen, wie man ein erfolgreiches Unternehmen aufbaut. Ich kam immer wieder auf dieselben Themen: Marketing und Sales. Kein Business funktioniert ohne und je größer ein Unternehmen ist, umso wichtiger ist Marketing. Möglicherweise ist das auch der Grund, warum die größten Marken der Welt Milliarden für Marketing ausgeben. Als Techniker unterschätzt man das aber gerne. Und zwar nicht ein bisschen, sondern massiv. Man denkt, es genügt, eine Sache gut zu können. Das ist aber eine Angestellten-Denkweise und bestimmt keine unternehmerische. Es ist auch kein Wunder, denn man lernt während seiner gesamten technischen Ausbildung nichts über

Marketing. Und genauso war es auch bei mir. Ich musste mir das alles nach und nach selbst aneignen. Das hat nicht nur viel Geld, sondern auch jede Menge Zeit und Energie gekostet. Malcom Gladwell spricht in "Outliers" (2008) davon, dass es 10.000 Stunden an Übung und Beschäftigung mit einem Thema benötigt, um in diesem Bereich wahre Meisterschaft zu erreichen. Wenn ich ehrlich bin, würde ich noch nicht sagen, dass ich heute schon so viel Zeit investiert habe, aber ich komme der Zahl laufend näher.

Generell lernen Fachkräfte während ihrer Fachausbildung nichts über Marketing. Der Fokus liegt hauptsächlich darauf, eine bestimmte Fertigkeit oder Fähigkeit zu erlernen. Das gilt auch für die Softwareentwicklung. Man lernt nicht, wie man diese Fertigkeit oder Fähigkeit vermarkten kann.
Genauso war das auch bei mir: Während meiner Schulzeit in der HTL habe ich absolut nichts über Marketing gehört. Später an der TU Wien habe ich zwar eine Menge über Software gelernt, aber meines Wissens gab es nicht eine einzige Lehrveranstaltung zum Thema Marketing. Fokussiert das traditionelle Schul- und Bildungssystem vielleicht auch in erster Linie darauf, Angestellte und Arbeiter hervorzubringen? Wird auf spätere Selbstständige hier vergessen? Vielleicht sogar absichtlich? Und genau das ist eigentlich das Kernproblem: Techniker lernen nichts über Marketing.

- Tai Lopez, ein sehr erfolgreicher US-Unternehmer, geht noch weiter. In seinem YouTube-Video "How to Win When You Feel All Is Lost." (https://youtu.be/QOHt2bIN96k, Stand 03.10.2025) sagt er: "We grew up in a generation where the school system was essentially a scam. … Did I learn how to make money? No. Did I learn sales and persuasion? No. Did I learn mass psychology, how to read large groups of people? No. … What are even we learning?" Seiner Meinung nach ist psychologisches Wissen entscheidend, um erfolgreich zu sein.
- Weiters sagt er in seinem YouTube-Video "Mastering high ticket sales" (https://www.youtube.com/live/lS4EKgghdEc, Stand 03.10.2025) sinngemäß: Um zu erkennen, welche Skills im Leben wirklich wichtig sind, genügt es zu analysieren, was in der Schule nicht (intensiv genug) gelehrt wird. Genau das ist es, was entscheidend ist.
- Myron Golden, ebenfalls ein sehr erfolgreicher US-Unternehmer, sagt in seinem YouTube-Video "How Not To Be Destroyed By AI" (https://www.youtube.com/live/GSnVB9E4v8M, Stand 03.10.2025): "The

> educational system, the way it exists today, is an industrial age idea, even though the industrial age basically came to an end in the mid 1950s … and it no longer serves us and it no longer serves our children - it didn't really serve our children then, it served the people who created it." Um es auf den Punkt zu bringen: Für ihn ist das Bildungssystem also sehr veraltet.

Wie kommen nun selbstständige Fachkräfte zum Thema Marketing? Entweder per Zufall oder weil sie merken, dass sie in diesem Bereich etwas unternehmen müssen. Meistens läuft der Werdegang in die Selbstständigkeit folgendermaßen ab: Eine Fachkraft arbeitet für einige Zeit in einem Angestelltenverhältnis. Sie setzt ihre Skills für ihren Arbeitgeber ein. Dieser erzielt damit Gewinne. Die Fachkraft entwickelt den immer stärker werdenden Wunsch, das, was sie für ihren Arbeitgeber macht, auf eigene Rechnung zu machen. So kann sie viel mehr verdienen, denkt sie sich. Und sie hat auch mehr Freiheiten. Sie macht sich also selbstständig und bietet ihre Fähigkeiten am freien Markt an. Sie erstellt eine Website, auf der sie über sich spricht und auf der sie ihre Leistungen anbietet. Irgendwann verirrt sich dann der erste Kunde auf die Website oder jemand aus dem persönlichen Netzwerk benötigt das, was die Fachkraft anbietet. Meistens ist Letzteres der Fall. So wird die Selbstständigkeit erstmals real und der erste Umsatz fließt.

Was passiert als Nächstes? Über Monate und Jahre hinweg ist die Fachkraft mehr oder weniger gut ausgelastet. Für viele ist das auch schon das Ende des Liedes. Sie bleiben ewig selbstständig. Landläufig sagt man dann gerne, man ist "selbst" und "ständig", was so viel heißt, dass man jederzeit persönlich für alles zuständig ist.

Manche dieser Fachkräfte haben aber Ambitionen in Richtung weiteres Wachstum. Sie wollen sich weiterentwickeln und schlagen den Weg des Unternehmers ein.

Kurz zur Begriffsdefinition: Für mich ist ein Unternehmer im Gegensatz zu einer selbstständigen Fachkraft jemand, der versucht, durch gezielten Einsatz von Mitarbeitern, Tools, Wissen, Kapital und Medien mehr zu erreichen als es als Einzelperson möglich wäre. Das erklärte Ziel ist immer, dass der Umsatz nicht mehr direkt nur von der eigenen, eingebrachten Zeit und Leistung abhängig ist.

Die meisten stellen - an diesem Punkt angelangt - als ersten Schritt dann Mitarbeiter ein. Das ist für viele das Naheliegendste. Doch plötzlich ändert sich alles. Die Fachkraft ist nicht mehr nur Fachkraft, sondern eben auch Unternehmer. Als solcher ist sie dafür verantwortlich, dass andere angestellte Fachkräfte im eigenen Unternehmen gut ausgelastet sind und, dass genügend Anfragen zu tatsächlichen

Kundenprojekten werden. Damit jeder etwas zu tun hat. Von einem Tag auf den anderen ist die selbstständige Fachkraft nicht mehr nur mit der Ausübung ihrer Fähigkeiten beschäftigt, sondern muss auch dafür sorgen, dass Leadgenerierung und Kundengewinnung funktionieren. Ich würde meinen, dass das sogar die Hauptaufgaben sind.

Die Rolle der selbstständigen Fachkraft ändert sich an diesem Punkt grundlegend. Am Beispiel "vom Programmierer zum Marketer" ist das der Zeitpunkt, an dem die Meisten erstmals ernsthaft mit dem Thema Marketing in Berührung kommen. Wie du siehst, nicht unbedingt beabsichtigt, sondern weil sie sich damit auseinandersetzen müssen. Bis zu diesem Zeitpunkt haben die Allermeisten nicht einen einzigen Kurs zum Thema Marketing besucht. Sie machen einfach das, was sie glauben, machen zu müssen - ohne jegliches Wissen!

Marketing ist aber genau so eine wissenschaftliche Disziplin wie es beispielsweise Informatik ist. Warum also glauben so viele, dass sie das intuitiv gut können? Sie studieren fünf Jahre Informatik, um richtig gut in diesem Bereich zu sein, denken aber, es genügt, wenn man Marketing "by doing" erlernt? Ist das nicht etwas überheblich? Ich finde es vermessen!

Zusammengefasst lässt sich also Folgendes festhalten: Fachkräfte unterschätzen Marketing und haben in dieser Hinsicht falsche Überzeugungen. Oft ist es aber gar nicht so leicht, das von selbst zu erkennen, und es braucht jemanden von außen, der darauf hinweist. Es gibt in diesem Zusammenhang ein verbreitetes Sprichwort, das eine solche Situation treffend beschreibt: "You can't read the label from inside the jar!"

Nachfolgend werden wir "from outside the jar" falsche Denkmuster zu Positionierung, Marketing und Sales hinterfragen, korrigieren, verwerfen oder festigen. So schaffen wir eine solide Basis, ein stabiles Fundament, auf dem ein erfolgreiches und stetig wachsendes Unternehmen aufbauen kann. Eine solide Basis, die auch mich dazu gebracht hat, mich stolz und zufrieden zu fühlen. Und genau das will ich auch für dich!

Key Takeaways

- Ohne Positionierung bzw. generell ohne Marketing wird dein Unternehmen nie wirklich erfolgreich werden.
- Du bist nicht schuld daran, dass du Marketing massiv unterschätzt. Man hat es dir in deiner Fachausbildung nicht beigebracht.
- Das Angebot (Was), die Zielgruppe (Wer) und der Nutzen (Warum) definieren deine Positionierung (die 3-Säulen-Positionierung).
- Die meisten Probleme in deinem Business lassen sich lösen, wenn du dich ernsthaft in die Lage deines Kunden versetzt und seine Sichtweise einnimmst.
- Wissen allein nützt nichts. Du musst auch überzeugt sein, ansonsten setzt du dein Wissen nicht entsprechend ein.

Warum manche Denkmuster hemmen

Du bist frustriert, weil deine Software-Agentur nicht kontinuierlich wächst. Jeder Tag fühlt sich wie ein Tag auf einem Schlachtfeld an. Du musst hart kämpfen, um an neue Kunden und Projekte zu kommen. Du musst jeden Tag alles geben, um nicht zu verlieren. Kunden und Projekte kommen aber nur durch Zufall oder durch dein persönliches Netzwerk. Nichts, mit dem man planen könnte! Nichts, auf das man bauen könnte! Du weißt nicht, welche deiner Bemühungen und Aktivitäten funktionieren und welche nicht. Es fühlt sich nach absolutem Blindflug an. Du überlegst 100 Mal, ob du Mitarbeiter einstellen sollst, weil du nicht weißt, ob du sie morgen noch benötigst. Ein ewiges Auf und Ab, das die permanente Unsicherheit permanent verstärkt. So kannst du kein Unternehmen aufbauen! Kennst du das?

Genau so war das damals bei mir! Das habe ich dir aber schon weiter oben erzählt. Ich bin so lange nicht vorangekommen, solange mich meine limitierenden Denkmuster daran gehindert haben. Ich dachte lange Zeit, dass es genüge, ein gefragtes Skill zu beherrschen - Softwareentwicklung in meinem Fall. Marketing ist nicht wichtig, wenn man gut ist. Doch das war nicht so! Bei Weitem nicht! Warum sollten Kunden auch ausgerechnet mit mir zusammenarbeiten? Ich hatte nicht mal selbst eine gute Antwort auf diese Frage! Hatte ich überhaupt eine Antwort?

Was ich damals erreichen wollte, wusste ich genau genommen selbst nicht. Ich wusste nur eins: Ich wollte mich von der erfolgreichen Selbstständigkeit als Freelancer weiter in Richtung Unternehmer mit Mitarbeitern entwickeln. Ich wusste aber eigentlich nicht so genau, warum ich das wollte. Ich wollte weiter hinaus, höher hinaus, größere Ziele erreichen, erfolgreicher werden, reich werden. Die Möglichkeit zu wachsen trieb mich an. Während meiner Masterarbeit - kurz vor dem Start meiner Selbstständigkeit - bin ich mit dem Thema Persönlichkeitsentwicklung in Berührung gekommen - völlig durch Zufall. Ich bin damals einem bekannten Unternehmer und YouTuber - Dr. Julian Hosp - gefolgt, der online in zahlreichen Videos über Blockchain sprach, der Schwerpunkt meiner Master-Thesis. Er hatte auch einen zweiten Kanal, in dem er regelmäßig über Persönlichkeitsentwicklung sprach. Also habe ich mir auch das eine oder andere Video zu diesem Thema angesehen. Ich war neugierig und fand es extrem spannend. Alles war total neu für mich. Nach und nach bin ich auch mit teils unangenehmen Fragen konfrontiert worden. Was willst du erreichen? Was ist deine Vision? Was ist dein Warum? Wo siehst du dich in 5 Jahren?

Was möchtest du an deinem Sterbebett nicht bereuen? Du kennst bestimmt alle diese Fragen. Julian Hosp hat dazu auch ein Buch veröffentlicht: "Grenzenlos erfolgreich: Das Nr. 1 30-Tage-Programm – Für vollkommene Zufriedenheit, absolutes Glück und ultimativen Erfolg" (2018). Ich war damals noch nicht der leidenschaftliche Bücherleser, der ich heute bin und so habe ich mir "nur" die Audio-Version angehört. Zugegeben, ich war zu faul zum Lesen. In 30 Tagen habe ich das Programm wie vorgeschlagen durchgearbeitet. Ich hörte mir jeden Morgen die Lektion des Tages an und absolvierte die entsprechenden Übungen dazu. So ist mir damals bewusst geworden, worum es mir eigentlich geht und was meine Vorstellungen, Träume, Ziele, Wünsche, Werte und Ideologien sind. Ich kann aber nicht behaupten, dass ich das beim ersten Mal gleich alles verinnerlicht, verstanden und auf alle Bereiche meines Lebens angewandt habe. Ich denke auch, dass das Zeit benötigt. Es kam aber damals ein unglaublich wichtiger Stein ins Rollen. Viele erfolgreiche Unternehmer sagen auch, dass Persönlichkeitsentwicklung und Unternehmertum sehr eng miteinander verknüpft sind. Viele sagen, Unternehmertum ist die ultimativste Form der Persönlichkeitsentwicklung. Das Unternehmen kann nämlich nur so "groß" werden, so "groß" man auch selbst ist. Hat man limitierende Denkmuster, wirkt sich das direkt auf das eigene Unternehmen aus und begrenzt dieses. Man IST sozusagen das Unternehmen. Ich habe mich mehr und mehr mit der Frage beschäftigt, wer ich eigentlich in Zukunft sein will. Von Mal zu Mal wurde das Bild klarer: Ich will eines Tages mal Investor, Mentor, Speaker und Autor sein. Dazu gehört für mich, dass man zuerst selbst erfolgreich sein muss, aus eigener Kraft viel erreicht haben muss, bevor man anderen dabei helfen kann, dasselbe zu tun. Mir wurde immer klarer, warum ich ein echter Unternehmer werden wollte, ein Unternehmer mit Mitarbeitern, ein Unternehmer, der etwas aufbauen kann: weil ich diese Fertigkeiten weitergeben möchte.

Doch warum das Ganze? In der Persönlichkeitsentwicklung lernt man auch, Dinge und vor allem sich selbst immer wieder zu hinterfragen. Also tat ich das. Warum wollte ich anderen dabei helfen, auch etwas Großes aufzubauen, nachdem ich selbst etwas Großes aufgebaut habe? Könnte ich nicht auch "nur selbst" damit zufrieden sein? Nach etlichen Stunden, Tagen und Wochen wusste ich es: Ich will stolz auf mich selbst sein können. Zu wissen, dass man sein volles Potenzial nutzt und dafür bewundert wird, muss eines der erfüllendsten und schönsten Gefühle sein, die es gibt. Zumindest stelle ich mir das heute so vor.

Der erste Schritt ist demnach, hinderliche Denkmuster zu erkennen, zu hinterfragen und dann zu eliminieren. Genau genommen sind das schon drei Schritte. Dieses Kapitel widmet sich den gängigsten 22 limitierenden Glaubenssätzen.
Kurz zur Begriffsdefinition: Ein Denkmuster, wie ich es verstehe, ist eine festgefahrene Meinung/Sichtweise zu einer Sache, die das Handeln einer Person lenkt.

Kategorie 1: Denkmuster in Bezug zur Leistung

- Der beste Dienstleister gewinnt immer
- Dienstleistung ist wichtiger als Marketing
- Gute Dienstleistung verkauft sich von selbst
- Meine Dienstleistung ist schwer erklärbar

Kategorie 2: Sichtweisen in Bezug zum Angebot

- Ein breites Angebot liefert mehr Kunden
- Spitze Positionierung schränkt ein
- Ich kann jedes Problem lösen
- Das Tool/die Technologie positioniert mich
- Ich bin schon Spezialist
- Breite Positionierung funktioniert bei großen und kleinen Unternehmen

Kategorie 3: Zielgruppen-bezogene Denkmuster

- Mehr Branchen, mehr Kunden
- Meine Zielgruppe weiß, was sie braucht
- Der Stundensatz entscheidet

Kategorie 4: Sales-bezogene Denkmuster

- Sales bedeutet Ungewolltes verkaufen
- Menschen beeinflussen ist negativ
- Techniker sind keine Verkäufer

Kategorie 5: Allgemeine Haltungen

- Spitze Positionierung kostet Umsatz
- Meine Positionierung ist fix
- Positionierung ist nicht Chefsache

- Fokus hat nichts mit Positionierung zu tun
- Verlängerte Werkbank = Partnerschaft auf Augenhöhe
- Marketing ist nur etwas für Große

Du ahnst es vielleicht schon! All das sind Denkmuster, Überzeugungen, Meinungen, Glaubenssätze und Haltungen, die dich, beziehungsweise deine Software-Agentur, nicht weiterbringen. Stimmst du einer oder mehreren dieser Aussagen zu? Dann hinterfrage mal ehrlich, ob das tatsächlich stimmt. Kann es sein, dass es auch anders ist?

Was es braucht, ist Offenheit, Vertrauen und Mut des Geschäftsführers, damit Positionierung gelingen kann. Man muss sich auf neue Dinge einlassen. Man muss Verantwortung übernehmen. Man muss mit Unsicherheit lernen umzugehen. Und man muss eine Trial & Error Denkweise entwickeln. Man muss limitierende Paradigmen, die vielfach fest in den Köpfen (gerade von) Technikern verankert sind, überwinden. Positionierung beginnt beim Aufsetzen der richtigen Denkweise - beim Mindset. Wenn man nicht glaubt, dass etwas funktionieren kann, wird es auch nicht funktionieren.

Weiters ist es entscheidend, stets von anderen lernen zu wollen. Von anderen, die auf diesem Weg schon weiter sind. Wenn andere es geschafft haben, schaffst du es auch! Sie sind der beste Beweis dafür!

Weil das wirklich entscheidend ist, sehen wir uns die hartnäckigsten Denkmuster nun nacheinander detaillierter an und ich werde versuchen, dir jeweils eine neue Perspektive anzubieten. Ich denke, bevor wir Menschen eine Aktion setzen, müssen wir davon überzeugt sein, dass diese Aktion auch den Effekt hat, den wir uns davon versprechen. Andernfalls tun wir es nicht.

Let's dive in!

Kategorie 1: Denkmuster in Bezug zur Leistung

Der beste Dienstleister gewinnt immer

Unter Technikern ist das eines der verbreitetsten Denkmuster. Viele sind sehr überzeugt von ihrer Leistung und meinen, dass es nur auf die Dienstleistung an sich ankommt. "Das Beste setzt sich immer durch!", ist hier eine gängige Aussage.

Eine Frage: Gibt es Dienstleistungen, die schlechter, aber dennoch erfolgreicher sind als andere? McDonald's ist beispielsweise die erfolgreichste Burger-Kette der Welt, aber bietet diese auch die geschmackvollsten Burger und das beste Service an? Wenn nein, warum sind sie dann so erfolgreich? Gibt es vielleicht neben der eigentlichen Dienstleistung/dem eigentlichen Produkt andere Aspekte, die jemanden zum Gewinner machen? Könnte es sein, dass es nicht auf tatsächliche Eigenschaften eines Produktes oder einer Dienstleistung ankommt, sondern auf die wahrgenommenen? Könnte es sein, dass man diese mit Marketing zu seinen Gunsten beeinflussen und damit aktiv steuern kann?

Das kann nicht nur sein, sondern das ist auch so! In der Verhaltenspsychologie (Behavioral Psychology/Economics) spricht man davon, dass man das bekommt, was man glaubt zu bekommen. Wenn durch gutes Marketing entsprechende Erwartungen erzeugt und vermittelt werden, spielt es eine deutlich geringere Rolle, was tatsächlich ist. Es geht dann mehr darum, was Kunden glauben, das ist. In Wien gibt es beispielsweise ein Burgerlokal - das XO Grill - das laut Falstaff die besten Burger Österreichs hat. Aber kennst du es?

Dienstleistung ist wichtiger als Marketing

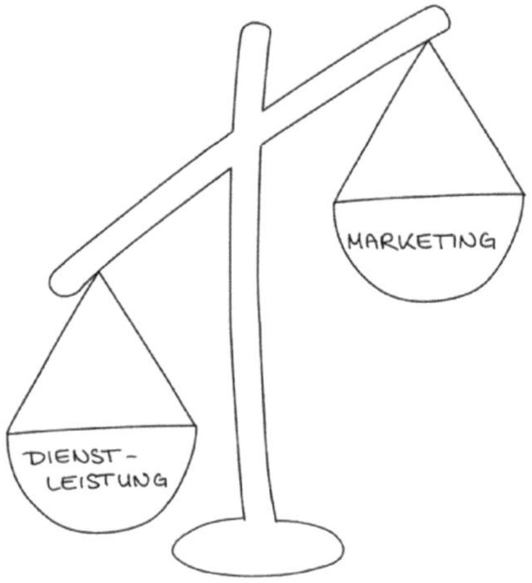

Dieses Denkmuster geht stark einher mit dem gerade besprochenen. Es geht nicht um Tatsachen, sondern um Erwartungen. Es gibt zahlreiche Beispiele, bei denen nicht die Dienstleistung/das Produkt an sich das Wichtigste ist, sondern das Marketing dazu. Ein Beispiel:

Es gab mal ein Experiment, in dem drei verschiedene Weine verkostet wurden. Es waren drei Weine mit unterschiedlichem Preis: von äußerst teuer bis sehr günstig. Der Preis stand auf der Flasche und war für die Probanden sichtbar. Die Flaschen und das Etikett waren jeweils auch unterschiedlich, von einfach und simpel bis aufwändig und edel. Nachdem die Probanden die drei Weine verkostet hatten, mussten sie sie bewerten. Wenig überraschend schmeckte ihnen der teuerste Wein in der edelsten Aufmachung am besten und der günstigste Wein in der einfachen Flasche am schlechtesten.

Der Clou: In allen drei Flaschen befand sich ein und derselbe Wein! Exakt dieselbe Flüssigkeit! Das heißt, der Preis, die Flasche und das Etikett - diese sind Teil des Marketings - haben die Wahrnehmung der Qualität, des Geschmacks etc. entscheidend beeinflusst. Wir bekommen, was wir erwarten!

Denkst du nach wie vor, dass das Produkt/die Dienstleistung an sich wichtiger ist als das Marketing dazu? Klar, man kann keine qualitativ geringwertige Arbeit liefern, da hilft kein Marketing der Welt. Wenn der Wein hundsmiserabel gewesen wäre, hätte auch keine edle Flasche und kein hübsches Etikett geholfen. Aber man kann durch gutes Marketing den Wert eines Produkts genauso wie den einer Dienstleistung massiv steigern. Das eben erwähnte Wein-Experiment hat dies eindrucksvoll bewiesen. (“Thinking, Fast And Slow”, 2011)

Gute Dienstleistung verkauft sich von selbst

Irgendwie hat dieses Denkmuster doch auch sehr mit den beiden eben besprochenen zu tun, liefert aber nochmal einen neuen Blickwinkel. Es ist auf jeden Fall einer, dem ich für lange Zeit selbst verfallen war.

Vielleicht gab es mal eine Zeit, in der sich eine gute Dienstleistung von selbst verkauft hat. Vielleicht in einer Zeit, in der es noch nicht so viele Dienstleister für eine bestimmte Sache gab. Sie hat sich vielleicht unter anderem deswegen von selbst verkauft, weil es an echten Alternativen gemangelt hat. Das ist jedoch heute definitiv anders. Es gibt für alles unzählige Optionen und Alternativen. Jedes Problem wird von einer Vielzahl von Dienstleistern gelöst. Oder zumindest werden die Lösungen von vielen versprochen. Der Kunde hat also die freie Wahl, ob er mit dir, der ihm “Individuelle Softwareentwicklung” als Dienstleistung anbietet, zusammenarbeitet oder mit einer beliebigen anderen Software-Agentur auf dieser Welt, die dasselbe anbietet.

Warum also sollte sich deine Dienstleistung von selbst verkaufen? Weil du gute Ergebnisse lieferst? Machen das die anderen nicht genauso? Weil du Wert auf hohe Qualität legst? Machen das die anderen nicht auch?

Wenn du nur deine reine Dienstleistung anbietest, bietest du bloß ein "Commodity" an. Ein Commodity ist ein Produkt/eine Dienstleistung, die sich nicht von anderen Produkten oder Dienstleistungen unterscheidet. Man kann dieses Produkt/diese Dienstleistung an jeder Ecke kaufen und bekommt jeweils genau dasselbe. "Individuelle Softwareentwicklung" ist genau so ein Commodity, zumindest von außen betrachtet. Diese Dienstleistung wird von sehr vielen Software-Agenturen angeboten. Der Kunde kann vor einer Zusammenarbeit nicht entscheiden, wer ein besseres Ergebnis liefern wird - du oder dein Mitbewerber - und hinterher kann er es auch nicht mehr vergleichen. Die Entscheidung beruht also rein auf Erwartungen, womit wir wieder bei den ersten beiden besprochenen Paradigmen wären.

Meine Dienstleistung ist schwer erklärbar

"Individuelle Softwareentwicklung" ist in der Tat schwer zu erklären. Das ist auch ein Grund, warum man sich spitz und klar positionieren sollte. Kann man nicht einfach erklären, was man macht, wird man es auch schwer haben, Kunden zu gewinnen.

Viele sprechen davon, dass die Aufmerksamkeitsspannen der Menschen kürzer und kürzer werden. Sie geben im Speziellen Social Media und ganz allgemein dem Internet die Schuld daran.

Alex Hormozi sagt in seinem Podcast "The Game with Alex Hormozi" (2017-2025), dass dem nicht so ist, sondern dass die Menschen heute einfach nur viel mehr Alternativen haben als sie früher hatten.

Wie auch immer, es läuft darauf hinaus, dass du heute weniger Zeit hast, deinem Kunden deine Dienstleistung zu erklären als du vielleicht früher noch dafür zur Verfügung hattest. Dein Kunde nimmt sich nicht die Zeit, um dir stundenlang zuzuhören, bis er versteht, was du für ihn tun kannst. Vielleicht liegt es auch an seiner gesunkenen Aufmerksamkeitsspanne, aber mit Sicherheit liegt es an der Vielzahl an Alternativen, die er heute hat.

Es ist heute wichtiger denn je, dass du effizient und effektiv kommunizieren kannst. Ein potenzieller Kunde muss sofort verstehen, ob er bei dir richtig ist oder eben nicht. Das gelingt ihm, wenn du ihm in einem Satz erklären kannst, was du machst und welche Vorteile er davon hat. Das gelingt, wenn du eine spitze und klare Positionierung hast. Wenn du das nicht einfach erklären kannst, liegt es nicht an deiner Dienstleistung. Es liegt an dir! Stimmt's?

Kennst du folgendes Sprichwort? "Ich hatte keine Zeit, dir einen kurzen Brief zu schreiben, deshalb habe ich dir einen langen Brief geschrieben." Das trifft auch hier zu. Jedes Angebot, jede Dienstleistung lässt sich einfach erklären, wenn man sich im Vorfeld die notwendige Zeit für die entsprechende Formulierung nimmt. Diese fliegt einem aber nicht einfach zu, sondern diese muss man sich erarbeiten.

Kategorie 2: Denkmuster in Bezug zum Angebot

Ein breites Angebot bringt mehr Kunden

Wie bereits zu Beginn schon kurz besprochen, liegt das große Problem an dieser Überzeugung darin, dass sie aus Sicht des Dienstleisters stimmen mag. Zumindest theoretisch! Der Dienstleister denkt: Wer mehr anbietet, kann auch mehr Probleme lösen. Das ist wiederum für mehr Leute relevant. Für den Dienstleister mag das soweit zutreffen. Auch ich habe das damals gedacht. Nein, ich war sogar felsenfest davon überzeugt!

Versetzen wir uns aber in die Lage des Kunden: Er hat genau EIN Problem und sucht dafür EINE Lösung. Weil es eine Vielzahl von Lösungsanbietern für jedes Problem gibt, kann er frei wählen, wem er sein Vertrauen schenkt. Er stößt auf eine breit positionierte Software-Agentur und auch auf eine Software-Agentur, die genau auf sein Problem spezialisiert ist. Um ehrlich zu sein, stößt er vermutlich sogar vorher auf diese, da diese mit ihrem Marketing und vor allem dem Messaging eine effektivere Durchdringung hat als der breit positionierte Mitbewerber. Klar, die breit positionierte Software-Agentur muss ja möglichst alle ansprechen und kann daher nur generalisieren und abstrahieren. Das ist weniger überzeugend als eine direkte Ansprache auf die individuellen Herausforderungen, Träume und Wünsche der

Zielgruppe. Jene Software-Agentur, die sich auf genau dieses Problem spezialisiert hat, kann diese Herausforderungen, Träume und Wünsche exakter ansprechen.

Konkretisieren wir das anhand eines fiktiven Beispiels: Stell dir vor, es gibt die Software Heros GmbH. Sie bietet "Individuelle Softwareentwicklung für Unternehmen" an. Und stell dir vor, es gibt die Software4Machines GmbH. Sie bietet "Mobile-Apps für mehr Wettbewerbsfähigkeit von Maschinenbauunternehmen" an. Die erste Software-Agentur hat eine sehr breite Positionierung, wohingegen die zweite eine sehr spitze Positionierung aufweist.

Du bist Geschäftsführer eines Maschinenbauunternehmens und sorgst dich um deine sinkende Wettbewerbsfähigkeit. Du denkst, eine Mobile-App für deine Maschinen könnte dem entgegenwirken. Wo gehst du hin? Zur Software Heros GmbH oder zur Software4Machines GmbH?

Ich denke, das ist absolut offensichtlich. Obwohl die Software Heros GmbH auch Mobile-Apps für Maschinenbauunternehmen entwickeln kann - für welchen Zweck auch immer - geht sie leer aus. Du denkst jetzt vielleicht: Ja, aber wenn ich nicht Geschäftsführer eines Maschinenbauunternehmens, sondern eines Tischlereibetriebes wäre, dann ginge ich ziemlich sicher zur Software Heros GmbH. Ja, aber auch nur dann, wenn es am Markt keinen einzigen Dienstleister gibt, der sich auf Tischlereibetriebe spezialisiert hat. Und den gibt es, nämlich die Software4Joinery GmbH. Es gibt für alles und jeden spezialisierte Software-Agenturen und es werden mehr und mehr. So geht die Software Heros GmbH auf Grund ihrer breiten Positionierung wieder leer aus. Sie geht folglich nahezu immer leer aus!

Du gehst als Geschäftsführer eines Tischlereibetriebes vielleicht dann zur Software Heros GmbH, wenn du nichts von Software4Joinery GmbH weißt. Das wäre dann der Fall, wenn dich das Marketing dieser Software-Agentur nicht erreicht hätte, was aber ziemlich unwahrscheinlich ist, da die Software4Joinery GmbH sehr zielgerichtete Werbung und Akquise macht. Sie kann mit ihrem Marketing alle Tischlereibetriebe ansprechen. Und zwar auf genau diese Probleme, die diese Betriebe haben.

Genauso macht das auch die Software4Machines GmbH für Maschinenbauunternehmen. Sie spricht die Probleme und Herausforderungen ihrer Kunden direkt an. Was macht aber die Software Heros GmbH? Sie kann nur von ganz allgemeinen und oberflächlichen Problemen sprechen: "Individuelle Prozesse digitalisieren", "Standardsoftware ablösen", "Digitalen Wandel nicht verpassen". So, wie das jene machen, wenn sie bloß "Individuelle Softwareentwicklung für Unternehmen" anbieten.

Spätestens jetzt erkennt man, dass eine breite Positionierung nicht zu mehr, sondern tatsächlich zu weniger Kunden führt, weil sich niemand angesprochen fühlt. Das Problem geht auf die Tatsache zurück, dass Softwareentwickler grundsätzlich wirklich alles für jeden bauen können. Sie müssen sich aber einschränken, wenn sie erfolgreicher sein möchten.

Spitze Positionierung schränkt ein

Viele selbstständige Fachkräfte denken, dass es schade wäre, sich einzuschränken, weil sie ja grundsätzlich alles für jeden machen können. Sie haben Angst vor Spezialisierung. Zum Beispiel Softwareentwickler: Sie können jede denkbare Applikation für jede beliebige Branche entwickeln. Der Kunde muss dazu nur wissen, was er genau möchte.

Wie im vorherigen Denkmuster besprochen, ist das zwar grundsätzlich eine wertvolle Position - aus Sicht des Dienstleisters - doch die gegenüberliegende Seite sieht das nicht so, weil man so als Generalist und nicht als Spezialist erscheint. Das heißt, du musst dich einschränken, wenn du als Spezialist und Experte wahrgenommen werden möchtest. Tust du das nicht, wird man nicht verstehen, was du gut kannst. Wenn du meinst, alles gut zu können, dann frage dich, ob das auch glaubwürdig ist.

Ein Beispiel aus dem Alltagsleben - die Renovierung einer Wohnung: Die Elektrik in einer Wohnung muss erneuert werden. Du diskutierst mit einem Anbieter, der sagt, dass er Fliesen verlegen, Schalter und Steckdosen installieren, Wasser- und Kanalleitungen verlegen, Wände verputzen, Löcher buddeln, etc. kann. Was kann er dann wirklich gut? Ist nicht jemand besser, der immer nur Schalter und Steckdosen installiert? Und wenn du Schalter und Steckdosen installiert haben möchtest, für wen würdest du dich eher entscheiden?

Das ist genau der Punkt! Du musst dich einschränken, damit man versteht, worin du gut bist und man dir das auch glaubt. Du musst dich einschränken, damit man dir vertraut. Du musst dich einschränken, damit man mit dem jeweiligen oder speziellen Problem zu dir kommt.

Vielleicht an dieser Stelle noch ein heikler Punkt: Wenn du feststellst, dass dich dein Ego daran hindert, dich einzuschränken, weil du denkst, dass du in sehr vielen Dingen sehr gut bist und es daher eine Verschwendung wäre, sich einzuschränken, versuche es nicht als Verschwendung zu sehen! Versuche es als Spezialisierung zu sehen. Du musst Experte in einer Sache werden. In EINER Sache. “Individuelle Softwareentwicklung” ist wie Fliesen verlegen, Schalter und Steckdosen installieren, Wasser- und Kanalleitungen verlegen, Wände verputzen, Löcher buddeln, etc. - alles und nichts!

Weil sich eben so viele nicht einschränken - gerade zu Beginn nicht - entsteht über die Zeit ein Wildwuchs an Kunden und Branchen, die man in der Vergangenheit bedient hat. Man empfindet es dann als schwierig, sich zu spezialisieren, sich spitz und klar zu positionieren.

Ich kann jedes Problem lösen

Wenn sich eine Fachkraft selbstständig macht, bietet sie meist bloß ihre Skills an. Sie überlässt dem Kunden die Entscheidung darüber, welche Ergebnisse er persönlich durch diese Skills der Fachkraft erreicht. Die Fachkraft macht sich damit vollständig von der Vorstellungskraft des Kunden über den Nutzen seiner Skills abhängig. Selbiges gilt für Produkte, ihre Features (= Eigenschaften) und Benefits (= Vorteile).

"1000 Songs in your Pocket", so hat Apple den ersten iPod vorgestellt. Apple hätte auch sagen können: "5GB Speicher". Im ersten Fall ist völlig klar, welches Problem gelöst wird und zwar auch in welchem Ausmaß. Im zweiten Fall muss der Kunde selbst wissen, dass 5GB umgerechnet 1000 Songs sind und er muss wissen, dass Gigabyte (GB) eine Einheit für digitalen Speicherplatz ist. Apple hätte sich so völlig von der Vorstellungskraft beziehungsweise dem Wissensstand des Kunden abhängig gemacht.

Bloß Skills zu verkaufen, funktioniert auch teilweise, leider aber nur bis zu einem gewissen Punkt. Bis zu diesem Punkt jedoch - meist ein paar Jahre nach Beginn der Selbstständigkeit - entsteht oft eine bunte Vielzahl an Branchen, in denen man Lösungen entwickelt hat und auch Kunden, für die/mit denen man gearbeitet hat. Auch deswegen fällt es vielen so schwer, sich zu positionieren. Sie sehen keine Überschneidung, keinen gemeinsamen Nenner.

Dieser gemeinsame Nenner kann aber auch nicht entstehen, wenn man alle Projekte annimmt, die auf einen zukommen und wenn man bloß das macht, was die anderen von einem verlangen. Der Zufall bringt keine Experten hervor. Dieser gemeinsame Nenner kann nur entstehen, wenn man zu Projekten "Nein" sagt. Sich zu positionieren bedeutet auch, Aufträge abzulehnen und potenzielles Geld liegen zu lassen. Das erfordert Entscheidungsfähigkeit und Mut - meist zu einem ungünstigen Zeitpunkt. Nämlich dann, wenn es ohnehin schon nicht mehr so gut läuft. Viele beginnen leider erst dann damit, sich um ihre Positionierung zu kümmern. Doch dieser Zeitpunkt ist eigentlich schon viel zu spät. Man sollte das Problem erst gar nicht aufkommen lassen.

Ist man dann erstmals in einer solchen Situation, ist der einzige Ausweg, sich auf EINE Sache festzulegen. Nicht willkürlich, aber basierend auf bisherigen Erfahrungen. Welche Art von Arbeit war am erfüllendsten? Wo habe ich die besten Ergebnisse geliefert? Mit welcher Art von Kunden hat die Zusammenarbeit am meisten Spaß gemacht? Was würde man gerne wieder tun? In der Regel kann man das relativ leicht aus dem Stegreif beantworten und auf diese Sache legt man sich dann fest, schränkt man sich ein, spezialisiert man sich.

Kurz gesagt: In diese Richtung positioniert man sich.

Eine weitere, sehr wichtige Tatsache in diesem Zusammenhang: Ich stelle immer wieder fest, dass viele Fachkräfte ein Problem damit haben, zu sagen, dass sie auf eine bestimmte Sache spezialisiert sind, wenn sie bisher eigentlich eher viele unterschiedliche Dinge gemacht haben. Manchen hilft es dann, ein anderes Wort dafür zu verwenden, nämlich "fokussiert" anstatt "spezialisiert". Zu sagen, sie haben eine bestimmte Sache fokussiert, stößt meist auf weniger inneren Widerstand als zu sagen, sie sind auf etwas spezialisiert. Das hat vielleicht damit zu tun, dass die Phrase "Wir sind spezialisiert auf ..." eher suggeriert, dass man das schon oft gemacht hat (sie ist mehr auf die Vergangenheit ausgerichtet), während die Phrase "Wir fokussieren ..." eher suggeriert, dass man künftig nur noch eine Sache machen wird (sie ist mehr auf die Zukunft ausgerichtet). Daher ist ihrer Ansicht nach "Wir fokussieren auf ..." weniger "gelogen" als "Wir sind spezialisiert auf ...". Vielleicht hilft dir das, wenn du ähnlichen inneren Widerstand spürst. Kleine Worte können einen riesigen Unterschied ausmachen!

Wenn selbstständige Fachkräfte versuchen, ihren gemeinsamen Nenner zu finden, sind sie auch schnell dazu verleitet, diesen in dem Tool/in der Technologie zu finden, mit dem/der sie arbeiten. Bei Softwareentwicklern wäre das beispielsweise eine Programmiersprache oder ein Framework. Warum genügt das aber nicht?

Das Tool/die Technologie positioniert mich

Man sagt gerne, dass wir Menschen Gewohnheitstiere sind. Das heißt, wir machen das, was wir auch in der Vergangenheit gemacht haben. In Bezug auf Fachkräfte und ihre Dienstleistungen heißt das, immer mit demselben Tool/derselben Technologie zu arbeiten. Das ergibt auch Sinn, denn dann werden wir darin laufend besser und schneller. So können wir auch schnellere und bessere Kundenergebnisse erzielen.

Wenn es dann um die Positionierung geht, sind viele im ersten Schritt dazu verleitet, sich über ein Tool/eine Technologie zu positionieren. Da sie ständig damit arbeiten, ist das naheliegend. Im Falle eines Softwareentwicklers könnte das zum Beispiel "Java-Entwicklung" sein. Wenn man sich aber über ein Tool/eine Technologie positioniert, spricht man damit auch eine ganz bestimmte Zielgruppe auf einer bestimmten Stufe an.

Eugene Schwartz hat in "Breakthrough Advertising" (2017) fünf Awareness-Stufen vorgestellt. Ein Käufer eines Produktes oder einer Dienstleistung befindet sich demnach auf einer von fünf aufeinanderfolgenden Stufen: Unaware, Problem Aware, Solution Aware, Product Aware und Most Aware.

- Unaware: Der Kunde ist sich seines Problems nicht bewusst.
- Problem Aware: Er ist sich des Problems bewusst, weiß aber nicht, wie er es lösen kann.
- Solution Aware: Er ist sich des Problems und dessen Lösung bewusst.

- Product Aware: Er ist sich des Problems und auch eines Produktes beziehungsweise einer Dienstleistung zur Lösung dieses Problems bewusst.
- Most Aware: Er ist sich des Problems bewusst und weiß bereits alles über ein bestimmtes Produkt oder eine bestimmte Dienstleistung, das oder die sein Problem löst.

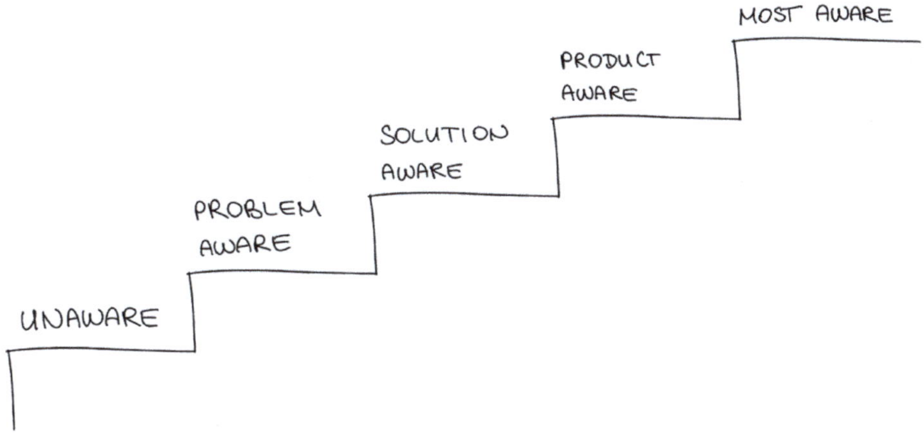

Warum ich das beleuchte: Ob sich ein Kunde von deiner Positionierung über ein Tool oder eine Technologie angesprochen fühlt, hängt stark davon ab, wo dein Kunde in Bezug auf diese fünf Awareness-Stufen steht. Das steht auch im Zusammenhang mit den zwei in der Einleitung erwähnten Kundengruppen. Kurz zur Erinnerung: Es gibt Kunden, die ihre Probleme selbst verantworten und lösen, und es gibt Kunden, die dafür einen Partner suchen.

Die, die ihre Probleme selbst lösen, sind eher Product Aware. Sie benötigen aber natürlich Menschen dafür und suchen als Software-Agentur daher (zum Beispiel) einen Java-Entwickler. Sie wissen, was sie tun und welche Dienstleistung ihr Problem löst und suchen daher genau das.

Die Kunden, die aber nach einer Lösung für ihre Probleme suchen, sind eher Problem Aware. Sie suchen nach einem Weg, ihre Wettbewerbsfähigkeit zu erhalten, wissen aber nicht genau, wie. Anderen wiederum ist das Problem des drohenden Verlustes der Wettbewerbsfähigkeit noch nicht bewusst. Sie sind dann eher Unaware. In einem solchen Fall ist es dann deine Aufgabe, sie auf das Problem überhaupt erst aufmerksam zu machen und eine Lösung dafür zu präsentieren.

Wenn du dich über ein Tool/eine Technologie positionierst, dann sprichst du damit eher Kunden an, die im Hinblick auf die Awareness-Stufen schon weit fortgeschritten sind. Du sprichst auch eher jene Kunden an, die ihre Probleme selbst verantworten und lösen.

Wenn du dich über ein Tool/eine Technologie positionierst, dann bietest du ein Commodity an, eine völlig austauschbare Dienstleistung. Das haben wir aber schon in einem der ersten Denkmuster besprochen. Das muss dir an dieser Stelle aber wirklich bewusst sein und du solltest dich fragen, ob du das auch wirklich willst.

Ich hoffe, du merkst, wie du mit deiner Positionierung aktiv deine Kunden wählst. Es geht darum, durch Positionierung genau jene Unternehmen anzusprechen, die du auch tatsächlich als Kunden haben möchtest. Es geht darum, durch Positionierung als Experte und Spezialist wahrgenommen zu werden. Durch Positionierung über ein Tool/einer Technologie bist du zwar vielleicht dieser Experte und Spezialist, aber vermutlich auf einer anderen Ebene, als du dir das vorstellst, nämlich auf einer austauschbaren Ebene. Das ist natürlich nicht ideal. Auf der anderen Seite bist du mit "Individueller Softwareentwicklung" weder Experte noch Spezialist. Das ist auch alles andere als ideal.

Ich bin schon Spezialist

Ob jemand Spezialist oder Generalist ist, hängt unter anderem davon ab, mit wie vielen anderen man vergleichbar ist. Weiß und kann man das, was auch alle anderen wissen und können, ist man vermutlich kein Spezialist.

Als Softwareentwickler war man mal ganz automatisch Spezialist. Nur wenige konnten mit Computern so "sprechen", dass diese das taten, was man wollte, das sie tun. Ob du das heute immer noch bist, bezweifle ich stark. Wie besprochen: Man ist so lange Spezialist, solange nur wenige Personen das können oder wissen, was man selbst kann und weiß. Ändert sich das, wird man schnell vom Spezialisten zum Generalisten. Bei Softwareentwicklung ist genau das der Fall: Mehr Selbstständige und Unternehmen denn je entwickeln Software für Unternehmen. Durch Technologien wie Künstliche Intelligenz könnte ich mir vorstellen, dass diese Anzahl weiterhin stark zunimmt.

Ein Beispiel aus dem Alltag: Der Allgemeinmediziner ist im Vergleich zur allgemeinen Bevölkerung ein Spezialist. Er weiß und kann, was viele nicht wissen und können. Verglichen mit einem Herzfacharzt ist er aber Generalist. Der Kardiologe weiß viel mehr über das Herz als der Allgemeinmediziner und wenn du ein Problem mit deinem Herzen hast, gehst du bestimmt auch lieber zum Herzfacharzt als zum Allgemeinmediziner. Du gehst vielleicht nur dann zum Allgemeinmediziner, wenn du noch nicht weißt, dass du ein Problem mit dem Herzen hast. Wie im vorherigen Denkmuster besprochen, könnte dich aber der Kardiologe mit gutem und zielgerichtetem Marketing von der Unaware-Stufe zur Most-Aware-Stufe führen. Eines tust du aber ganz bestimmt nicht: Du fragst bestimmt nicht deinen Nachbarn um Rat - es sei denn, er ist Kardiologe.

Zurück zur Softwareentwicklung: Mit "Individueller Softwareentwicklung" bist du eher der Allgemeinmediziner als der Kardiologe. "Mobile-App Entwicklung für mehr Wettbewerbsfähigkeit von Maschinenbauunternehmen" entspricht eher dem Herzfacharzt.

Wir kommen immer wieder auf denselben Punkt zurück: Es geht mit Positionierung darum, dass dir dein Kunde so früh wie möglich vertraut. Menschen vertrauen Experten und Spezialisten nun mal eher als Generalisten. Hinzu kommt, dass Menschen nur Geschäfte mit Menschen machen, denen sie vertrauen.

Breite Positionierung funktioniert bei großen und kleinen Unternehmen

Dieser Satz entspricht einer Sichtweise, die viele CEOs von Software-Agenturen haben. Das Problem ist aber, dass sie hier Äpfel mit Birnen vergleichen. Große Agenturen, die vielleicht 400 Mitarbeiter haben, können tatsächlich auch viele Dienstleistungen gleichzeitig anbieten. Es ist glaubwürdig, wenn sie die Entwicklung von Mobile-Apps, Embedded Software und Banking-Applikationen anbieten. Wenn aber eine Software-Agentur mir "nur" 20 Mitarbeitern genauso viel anbietet, ist das schon weniger glaubwürdig.

Kann es also sein, dass diese großen Software-Agenturen damals vielleicht auch nur mit einer einzigen Sache begonnen haben und dann nach und nach ihr Angebot erweitert haben? Zumindest war das bei Unternehmen aus anderen Branchen sehr oft so.

Denk an Amazon! Amazon hat als Online-Buchhandel begonnen. Nach und nach wurde das Sortiment auch auf andere Bereiche erweitert. Irgendwann kam der Cloud Computing Bereich dazu. Aber auch nicht zufällig. Man hat einen Weg gesucht, um die freien Rechenkapazitäten zu nutzen, die im Vergleich zum Weihnachtsgeschäft während des restlichen Jahres ungenutzt waren.

Auch Facebook hat nicht als weltweites Social Network begonnen. Es startete als "People Directory" und war beschränkt auf die Studenten des US-amerikanischen Colleges Harvard. Erst später wurde es um Funktionen wie Gruppen, Newsfeed, etc. erweitert und breitete sich nach und nach auf die ganze Welt aus.

Auch Google, Microsoft und Nvidia haben einen sehr ähnlichen Weg hinter sich.

Du siehst, niemand fängt breit an und wird damit erfolgreich. Alle fangen spitz an, werden damit erfolgreich und verbreitern sich danach.

Auch Alex Hormozi meint in seinem Podcast, dass man bis zu 1 Mio. USD Jahresumsatz nur eine einzige Sache (= konkretes Angebot) für eine einzige Person (= konkrete Zielgruppe) machen sollte. Alles andere würde den Fokus zu sehr streuen. Wenn deine Software-Agentur im 5. Jahr ist und 20 Mitarbeiter hat, ist es dann zielführend, ihre Positionierung mit der einer Software-Agentur zu vergleichen, die im 20. Jahr ist und 400 Mitarbeiter beschäftigt? Oder kann es sein, dass der Vergleich eher einem zwischen Äpfel und Birnen gleichkommt? Man sollte sich lieber ansehen, was diese erfolgreichen Unternehmer DAMALS gemacht haben, um dahin zu kommen, wo sie HEUTE sind.

Wie besprochen, musst du dich auf eine Sache konzentrieren. Das kann das Angebot oder die Zielgruppe sein.

Kategorie 3: Zielgruppen-bezogene Denkmuster

Mehr Branchen, mehr Kunden

Das, was wir im Denkmuster "Ein breites Angebot liefert mehr Kunden" für das Angebot/die Dienstleistung diskutiert haben, gilt natürlich genauso für die Zielgruppe. Wenn du dich auf eine bestimmte Branche fokussierst, dann erhältst du automatisch mehr Vertrauen von Unternehmern aus dieser Branche. Das ist nachvollziehbar, denn du kennst diese Branche besser und so ist es naheliegend, dass du auch ihre Probleme besser lösen kannst.

Aber was passiert, wenn ein Unternehmen aus einer anderen Branche zu dir kommen würde? Würde sich dieses Unternehmen bei dir gut aufgehoben fühlen? Es würde sich doch fehl am Platz fühlen!

Bingo! Genau das ist der Punkt. Dieses Unternehmen meldet sich erst gar nicht bei dir, sondern geht mit seinem Problem dorthin, wo man ihm die Lösung für genau sein Problem verspricht. Es wurde vielleicht sogar bereits von diesem angesprochen.

Wenn deine Software-Agentur keinen Branchenfokus hat, aber viele andere einen solchen haben, wer ist dann interessanter in den Augen eines Kunden? Natürlich jemand, der genau die Branche fokussiert, in der sich dieser Kunde befindet. Und die gibt es, zahlreich für jede Branche! Es genügt daher nicht, sich nur auf eine Branche festzulegen, sich auf eine der drei Säulen (Wer) der 3-Säulen-Positionierung zu konzentrieren. Man muss auch die anderen beiden Säulen (Was und Warum) berücksichtigen, wenn man eine ideale Positionierung erzielen möchte.

Zielgruppe ist aber nicht gleich Zielgruppe!

Wir haben in "Das Tool/die Technologie positioniert mich" über die fünf Awareness-Stufen von Eugene Schwartz gesprochen. Durch die Positionierung wählst du, mit welcher Gruppe von Kunden du sprechen möchtest und du wählst auch, auf welcher Awareness-Stufe diese stehen soll. Abhängig davon, weiß dein Kunde, was er möchte oder eben nicht.

Meine Zielgruppe weiß, was sie braucht

Jeder Kunde? Immer? Hat das nicht auch etwas damit zu tun, wen du wie ansprichst? Damit, was du anbietest? Damit, wem du es anbietest? Nicht jeder Kunde in jeder Branche ist zu jedem Zeitpunkt im selben Stadium. Wir haben vorhin darüber gesprochen: Es gibt unterschiedliche Stufen in Bezug auf die Aufgeklärtheit zu einem Problem und/oder zu einer Lösung. Und es gibt auch grundsätzlich zwei unterschiedliche Kundentypen, nämlich die, die ihre Probleme selbst lösen und die, die einen Partner dafür suchen. Deine Positionierung gibt auch deine Zielgruppe vor.

Der Stundensatz entscheidet

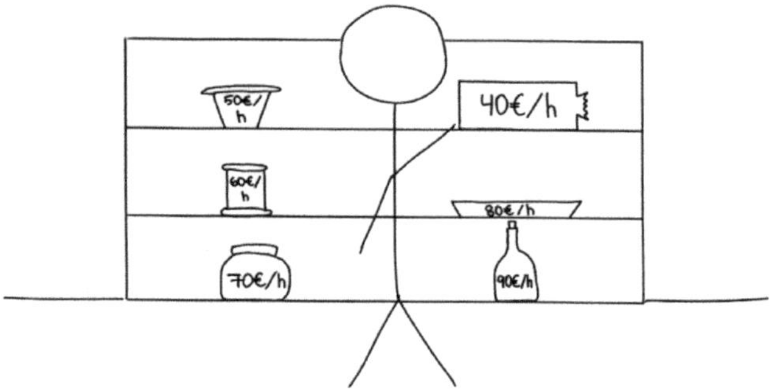

Vermutlich ist dir schon klar, dass das nicht automatisch so ist, sondern dass es darauf ankommt, mit wem du zusammenarbeitest und was du konkret anbietest. Wenn du "Java-Entwicklung" anbietest, spielt der Stundensatz natürlich eine zentrale Rolle. Du bietest hier auch Input und nicht Output oder gar Outcome an. Wenn du aber "Mobile-Apps für mehr Wettbewerbsfähigkeit von Maschinenbauunternehmen" anbietest, geht es in erster Linie um den Nutzen, um den Outcome. Hier spielt dein Stundensatz keinerlei Rolle. Die einzigen zwei Fragen, die man hier eindeutig beantworten muss, sind: Was kostet die Gesamtlösung und was bringt sie? Es geht also um den ROI (Return on Investment).

Einleitend und in diesem Kapitel haben wir schon mehrmals über die zwei Kundengruppen - "Selbstlöser und Partner-Sucher" - die es meiner Meinung nach gibt - gesprochen. Kunden aus der ersten Gruppe (Selbstlöser) verkaufst du Zeit, in der ein Skill angewendet wird. Du verkaufst ihnen Input. Kunden aus der zweiten Gruppe (Partner-Sucher) verkaufst du Lösungen. Du verkaufst ihnen Outcome. Deine Positionierung definiert, welche der beiden Gruppen du ansprichst.

Wenn du mit Kunden aus der ersten Gruppe zusammenarbeitest, geht es vielfach um den Stundensatz. Sie verstehen deine Dienstleistung als Commodity, sprich, als absolut austauschbar. Sie können aus ihrer Sicht entweder mit dir zusammenarbeiten oder mit jeder anderen Software-Agentur, die mit denselben Programmiersprachen arbeitet, die sie bei ihrem Projekt bereits im Einsatz haben. In diesem Zusammenhang geht es ihnen nicht primär um die Lösung, es geht ihnen um Skills und den Preis/den Stundensatz dafür. So, wie auch beim Mitarbeiter, der seine Zeit verkauft, das Gehalt eine absolut zentrale Rolle spielt.

Zusammengefasst: Es geht ihnen um den Input, denn den Output/den Outcome generieren sie selbst.

Arbeitest du aber mit Kunden aus der zweiten Gruppe zusammen, geht es nicht um den Stundensatz. Natürlich spielen die Kosten eine wichtige Rolle, aber nur bei der Frage nach dem ROI. Wenn dieser positiv ist, sprich, wenn die Sache finanziell mehr bringt als sie kostet und auch das potenzielle Risiko abdeckt, falls die Rechnung so nicht aufgeht, spielt der Stundensatz keine Rolle. Sie kaufen ohnehin nicht deine Zeit, sondern ein Ergebnis. Der Kunde aus der zweiten Gruppe interessiert sich nicht dafür, wieviel Zeit du in die Lösung seines Problems investierst. Daher ist ihm dein Stundensatz egal. Er interessiert sich lediglich dafür, wann er die Lösung bekommt. Das ist ein deutlicher Unterschied. Ihm geht es um den Outcome.

Versetz dich mal in die Lage des Kunden: Interessiert es dich, wie viele Stunden/Mitarbeiter jemand zur Lösung deines Problems einsetzen musste? Ich denke nicht! Es interessiert dich, was es kostet, dein Problem gelöst zu bekommen, was dir das gelöste Problem finanziell bringt und wie wahrscheinlich es ist, dass diese Lösung auch tatsächlich funktioniert. Außer, du löst dein Problem grundsätzlich selbst, holst dir dafür aber Unterstützung.

Ich empfehle dir an dieser Stelle nochmals dringend, nur mit Kunden aus der zweiten Gruppe zusammenzuarbeiten. Achte darauf, dass diese eher auf der Unaware-Stufe und nicht auf der Most-Aware-Stufe nach Eugene Schwartz stehen. Vor allem dann, wenn du Stundensatz-Diskussionen und ein "race to the bottom" vermeiden möchtest. Und auch dann, wenn du als Partner auf Augenhöhe und nicht als austauschbarer Dienstleister wahrgenommen und behandelt werden möchtest.

Spricht man Kunden an, die eher noch "Unaware" sind und die dann einen Partner zur Lösung ihrer Probleme suchen, kommt man am Thema "Sales" nicht vorbei. Viele Techniker assoziieren mit dem Wort "verkaufen" jedoch etwas Negatives.

Kategorie 4: Sales-bezogene Denkmuster

Sales bedeutet Ungewolltes verkaufen

Wenn du etwas anbietest, das das Problem eines Unternehmens löst, dann braucht dieses Unternehmen genau das, was du verkaufst. Das ist nichts Negatives, sondern etwas sehr Positives. Wenn du die Lösung eines Problems aber jemanden anbietest, der das Problem gar nicht hat, dann ist es etwas Negatives. Daher bedeutet Sales nicht, automatisch jemandem etwas zu verkaufen, was er eigentlich nicht möchte oder braucht.

- Alex Hormozi sagt über Sales: "Selling is a transference of belief over a bridge of trust." (https://x.com/AlexHormozi/status/1560607565481926656, Stand 03.10.2025) Was meint er damit? Du bist überzeugt von deiner Lösung eines bestimmten Problems. Der Kunde ist es nicht. Noch nicht! Du überzeugst ihn aber nach und nach davon. Und das gelingt dir nur, wenn er dir vertraut. Das ist Sales.
- Myron Golden sagt in seinem YouTube-Video "7 Facts School Failed To Teach You About Money" (https://www.youtube.com/watch?v=EQmDIzsMgJg, Stand 03.10.2025) sinngemäß, dass der Grund, warum viele Leute Sales so negativ gegenüberstehen, ist, dass wir Sales nur dann als solchen identifizieren, wenn versucht wird, uns etwas zu verkaufen, das wir nicht brauchen oder wollen. Wenn uns etwas verkauft wird, das wir hingegen brauchen oder wollen, dann haben wir das Gefühl, wir haben es selbst entschieden und niemand hat uns etwas "verkauft".

- Wenn man "To Sell Is Human" (2012) von Daniel H. Pink liest, kommt man zu dem Schluss, dass jeder verkauft und zwar permanent. Wir wollen immer, dass andere Menschen Dinge machen, von denen wir wollen, dass sie sie machen. Auch deine Tochter davon zu überzeugen, dass es eine gute Idee sei, die Hausaufgaben zu machen, ist beispielsweise Sales. Daniel H. Pink bezeichnet das als "non-sales selling".
- Brian Tracy schreibt in "The Psychology of Selling" (1985) sinngemäß, dass zu verkaufen nicht etwas ist, das man jemandem antut, sondern es etwas ist, das man für jemanden tut. Das Ziel ist es nicht primär etwas zu verkaufen, sondern zu informieren, um eine Entscheidung zu ermöglichen. Man sagt in diesem Zusammenhang gerne: "People don't want to be sold but they want to buy". Er schreibt weiters, dass Menschen etwas kaufen beziehungsweise sich für etwas entscheiden, wenn sie sich persönliche Vorteile davon erhoffen. Sie interessieren sich also in erster Linie für sich selbst.

Wie du siehst, hat Sales nichts damit zu tun, jemandem etwas zu verkaufen, das er nicht braucht oder möchte. Es liegt an dir, Sales ab jetzt als etwas Positives und Gutes zu sehen. Manchmal hört man in Sales-Trainings sogar Aussagen wie: "Wenn du eine Lösung für ein Problem deiner Kunden hast, dann ist es nahezu schon deine Pflicht, sie ihnen zu verkaufen, weil du damit ihr Leben einfacher machst. Alles andere wäre unterlassene Hilfeleistung." Diese oder ähnliche Sichtweisen werden dir weit mehr dienen, als wenn du Sales weiterhin als etwas Negatives ansiehst.

Man könnte sagen, Sales bedeutet andere zu beeinflussen. Ist das grundsätzlich abzulehnen?

Menschen beeinflussen ist negativ

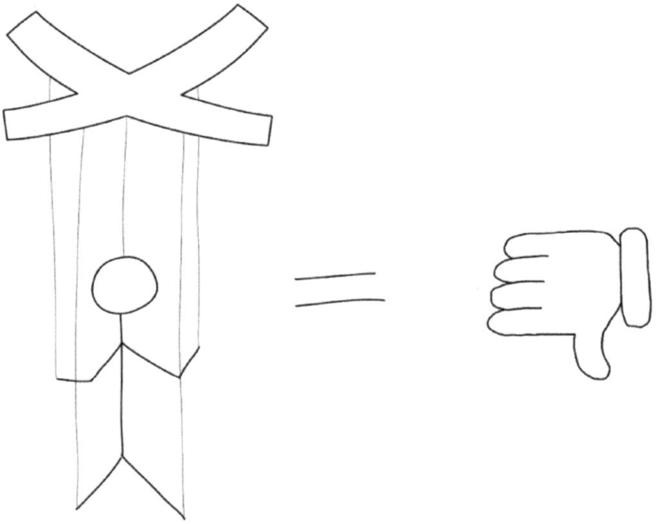

Ähnlich wie Sales ist andere zu beeinflussen etwas, das wir permanent tun. Und zwar jeder von uns. Ich glaube, man könnte auch sagen, Sales und andere zu beeinflussen ist ein und dasselbe. Du kannst andere beeinflussen, sodass sie nachher positiver dastehen als vorher. Oder eben andersrum. Die Beeinflussung an sich ist wertfrei. Es ist wie ein Messer. Du kannst es verwenden, um Leben zu retten. Du kannst es aber auch dazu verwenden, um Leben zu nehmen. Die Wahl liegt bei dem, der das Messer einsetzt. Genauso ist es mit dem Beeinflussen von anderen. Wenn deine Lösung anderen ernsthaft hilft, solltest du deine potenziellen Kunden dahingehend beeinflussen, dass sie deine Lösung auch tatsächlich kaufen. Wenn deine Lösungen ihnen aber schaden, dann solltest du es tunlichst unterlassen.

Dazu gehört natürlich, sich und seine Dienstleistung verkaufen zu können. Eine Fähigkeit, die meist Technikern fehlt.

Techniker sind keine Verkäufer

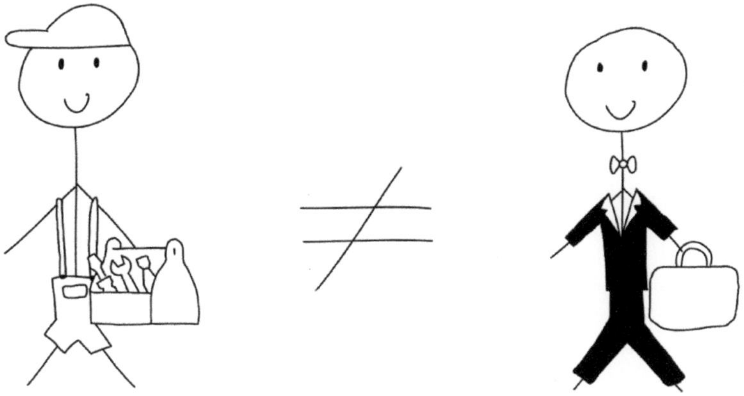

Beim Verkaufen geht es nicht immer um eine Transaktion im klassischen Sinne, also Geld gegen die Erbringung einer Dienstleistung oder gegen Lieferung eines Produktes zu tauschen. Es geht oftmals auch "nur" darum, andere von seinen Ideen zu überzeugen und andere dazu zu bewegen, etwas zu tun, von dem man möchte, dass sie es tun. Das ist Verkaufen. Und weil es ohnehin jeder jederzeit macht, sollte man lernen, wie man es besser machen kann.

Meiner Erfahrung nach sind viele Techniker tendenziell eher introvertierte Menschen, denen das Verkaufen nicht so liegt. So war das lange Zeit auch bei mir. Und das, obwohl ich für 6 Jahre in einem B2B Sales-Job verbracht habe. Techniker wollen lieber ihre technischen Skills einsetzen als sich selbst zu vermarkten/ihre Dienstleistung zu verkaufen. Dennoch ist es etwas, das sie lernen können. Und auch müssen! Gerade dann, wenn sie Selbstständige, Unternehmensinhaber oder Geschäftsführer sind. CEOs müssen auch verkaufen können. Sie müssen andere beeinflussen können. Sie müssen überzeugen können. Wenn sie das nicht können, sind sie eigentlich keine Leader.

Unser Gehirn verändert sich ständig. Das bezeichnet man als Neuroplastizität. Wir sind auch nach dem Abschluss von Schule oder Universität noch in der Lage, Neues zu erlernen. Die Fähigkeit, etwas zu lernen, geht nicht ab einem bestimmten Alter abrupt verloren. Viele hören aber leider nach der Schule oder dem Studium damit auf. Es ist aber permanente Weiterentwicklung und Weiterbildung, die erfolgreiche von erfolglosen Menschen unterscheidet. Ich bin davon überzeugt, dass auch Techniker lernen können, erfolgreich zu verkaufen! Jederzeit! Sie müssen es nur wollen.

Aber es ist nicht nur der Umstand, dass sie nicht gelernt haben, wie man verkauft, der sie zurückhält. Auch die Angst vor Zurückweisung und Ablehnung hält viele davon ab, Sales zu betreiben. Ich glaube, das war damals auch der Grund, warum ich nicht gerne verkauft habe. Angst ist eine Emotion, die uns evolutionär gesehen in der Vergangenheit wesentlich mehr gedient hat als sie das heute tut. Heute behindert sie uns in vielen Bereichen. Beispielsweise haben viele Angst, dass sie Umsatz verlieren, wenn sie sich spitz positionieren. Das ist ein weit verbreitetes Denkmuster, das wir uns gleich als nächstes ansehen.

Kategorie 5: Allgemeine Denkmuster

Spitze Positionierung kostet Umsatz

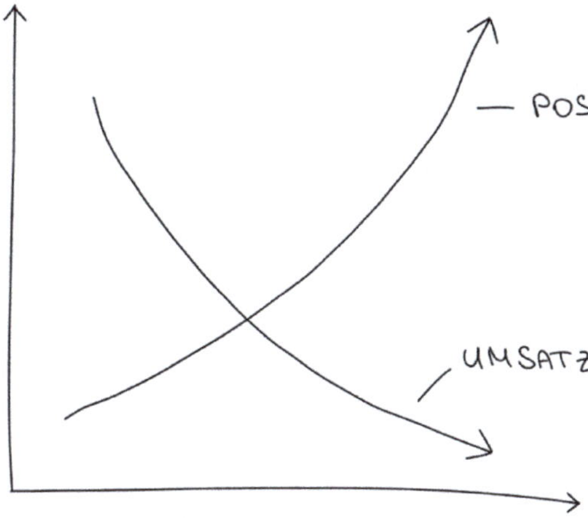

Bevor wir konkret in dieses Denkmuster einsteigen, möchte ich grundsätzliches Verständnis für die Angst, etwas zu verlieren, schaffen:

Daniel Kahneman beschreibt in "Thinking, Fast and Slow" (2011) seine Beobachtung, für die er auch den Nobelpreis erhalten hat: Die Verlustaversion. Demnach gewichten wir Verluste stärker als Gewinne und zwar mindestens doppelt so stark.

Man kann Verlustaversion am besten anhand eines einfachen Beispiels erklären: Stell dir vor, du nimmst an einem Glücksspiel teil. Die Chance zu gewinnen oder zu verlieren beträgt jeweils 50%. Wenn du 100€ setzt, wie hoch müsste deine potenzielle Gewinnerwartung sein, damit du überhaupt teilnimmst? Mache dir kurz Gedanken dazu! Typischerweise fangen Menschen ab 200€ Einsatz an, solche Glücksspiele in Erwägung zu ziehen. Wie hoch ist dein Betrag?

Wir gewichten die Angst vor Verlust stärker als die Freude über Gewinn. In diesem Zusammenhang spielt noch ein weiterer psychologischer Effekt eine wesentliche Rolle, der Endowment-Effekt: Wenn wir etwas verkaufen, wollen wir dafür mehr Geld haben, als wir bereit wären, selbst dafür auszugeben. Was wir bereits besitzen und was zur eigenen Verwendung bestimmt ist, hat für uns einen hohen Wert. Das gilt interessanterweise auch für den Status Quo.

Viele haben Angst vor einer spitzen Positionierung, weil sie denken, dadurch Umsatz zu verlieren. Auch ich hatte Angst, Geld auf dem Tisch liegen zu lassen. Das ist ein grundsätzlich nachvollziehbarer Gedanke. Du denkst dir vermutlich: Wenn meine Kunden heute aus zehn unterschiedlichen Branchen kommen und ich mich willkürlich auf eine dieser Branchen festlege, verliere ich 90% meines Umsatzes (falls dieser Umsatz gleich verteilt wäre).

Doch dem ist nicht so! Kunden aus der Branche, auf die du dich dann exklusiv konzentrierst, fühlen sich wesentlich besser bei dir aufgehoben. Sie denken, du verstehst genau, was ihre Probleme und Herausforderungen sind. Sie denken, du kennst sie genau. Und sie denken, du hast daher echte, funktionierende Lösungen für sie.

Dem ist auch so, weil du dich dann nur noch mit dieser Branche auseinandersetzt. Du kennst ihre Probleme und Herausforderungen tatsächlich und du kannst sie daher konkret benennen. Diese Kunden unterschreiben Aufträge bei dir wesentlich schneller, leichter und einfacher. Sie vertrauen dir nahezu sofort. Sie kompensieren 90% deines Umsatzes. Und mit der Zeit überkompensieren sie ihn auch deutlich, weil du dann DER Experte für sie bist. Man WILL mit dir zusammenarbeiten. Das erlaubt dir auch, deine Preise zu erhöhen, was deinen Umsatz/Gewinn weiter steigert.

Aber nicht nur das! Kunden sind auch glücklicher, weil du ihnen bessere Ergebnisse liefern kannst als jemand, der einmal dies und dann wieder etwas völlig anderes macht. Mitarbeiter sind zufriedener und glücklicher, weil sie wissen, was auf sie zukommt und wie sie darauf reagieren müssen. Positionierung verbessert sehr viele Bereiche im Unternehmen.

Meine Positionierung ist fix

Viele denken, Positionierung sei etwas, das man - einmal festgelegt - nicht schnell wieder ändern kann. Sie fragen sich, was sich dann all die anderen von einem denken, wenn man ständig seine Positionierung ändert. Menschen glauben, von anderen mehr beobachtet und beachtet zu werden als das tatsächlich der Fall ist. Man bezeichnet das auch als Spotlight-Effekt. Daher betrachten sie Positionierung wie in Stein gemeißelt. Auch ich habe das damals so gesehen.

Das ist aber eine sehr hinderliche Sichtweise. Sie hält einen nämlich davon ab, die perfekte Positionierung durch Annahmen und Tests herauszufinden.

Wenn man seine Positionierung noch nicht gefunden hat, ist man wahrscheinlich noch nicht so groß und präsent, dass alle Augen permanent auf einen gerichtet sind. Folglich bekommt auch nahezu niemand mit, wenn man sich im Zuge des Prozesses der Positionierung öfter mal neu orientiert und unterschiedliche Formulierungen testet.

Hat die Website deiner Software-Agentur wirklich so viele monatliche und vor allem auch regelmäßige Besucher, sodass es jemand merken würde, wenn du dich innerhalb eines halben Jahres drei Mal neu positionierst? Bestehende Kunden bekommen von diesem Prozess meist ohnehin nichts mit, weil sie die Website des Dienstleisters nicht mehr besuchen. Wozu auch?

Positionierung ist sogar etwas, das sich von Zeit zu Zeit ändern muss, weil sich auch Kunden, Märkte und Technologien laufend ändern. Es wäre fatal, für Jahrzehnte bei ein und derselben Positionierung zu bleiben. Was früher mal gefragt war, ist unter Umständen heute nicht mehr relevant. Wenn sich deine Software-Agentur nicht mit diesen Änderungen mitentwickelt, wird sie früher oder später scheitern. Man sagt in diesem Zusammenhang auch gerne: "Wer nicht mit der Zeit geht, der geht mit der Zeit."

Das bedeutet, Positionierung hängt direkt mit der grundlegenden Unternehmensstrategie zusammen. Wo soll die Reise die nächsten Monate und Jahre über hingehen? Welche Richtung hat Zukunft und welche Richtung führt mit hoher Wahrscheinlichkeit in den Abgrund? Niemand würde diese wichtige Frage an seine Marketing-Abteilung oder gar eine externe Marketing-Agentur auslagern. Nur der CEO selbst kann das festlegen und daher ist Positionierung immer "Chefsache".

Positionierung ist nicht Chefsache

Wie im vorherigen Denkmuster besprochen, leitet sich die Positionierung aus der Company "Vision & Mission" ab, beziehungsweise steht in direktem Zusammenhang mit diesen. Viele Geschäftsführer betrachten Positionierung als nicht so wichtig. Auch über Marketing als Ganzes denken sie so. Positionierung ist aber Teil des Marketings und so fundamental und zentral, sodass es nur der Inhaber/Geschäftsführer kontrollieren kann. Die Positionierung entspricht der Ausrichtung des Unternehmens. Sie definiert Angebote, Ergebnisse, Zielgruppen und Nutzen, sowie USPs. Sie gibt die Richtung vor, in die ein Unternehmen steuert. Soll das wirklich jemand anderer machen als derjenige, der in einem Unternehmen am Steuer sitzt? Das funktioniert nicht. Es ist die Aufgabe desjenigen, der das Unternehmen leitet. Positionierung ist daher immer "Chefsache", wie es auch Marketing als Ganzes ist. Der Chef muss natürlich nicht alles selbst machen, sondern sollte Aufgaben auch delegieren können. Tai Lopez sagt in seinem Programm "67 Steps": "You can't delegate what you don't know about."

Eines kann aber durchaus sein, nämlich, dass du als Chef eigentlich nicht geeignet für diese Aufgabe bist. Wenn du zum Beispiel als Inhaber einer Software-Agentur lieber programmierst als dich um Marketing und Positionierung zu kümmern, dann bist du vielleicht eher Fach- als Führungskraft. Das ist nichts Schlechtes, aber dann solltest du vielleicht jemand anderen ans Steuer lassen. Auch, wenn es DEIN Unternehmen ist. So weh das vielleicht auch tun mag. Nicht jeder ist geborener Chef! Nicht jeder ist geeignet, um am Steuer zu sitzen! Nicht jeder ist dazu geboren, Verantwortung und Kontrolle für ein Unternehmen und somit Kunden und Mitarbeiter zu übernehmen! Es zeigt aber auch von wahrer Größe, sich das einzugestehen und entsprechend zu handeln.

Fokus hat nichts mit Positionierung zu tun

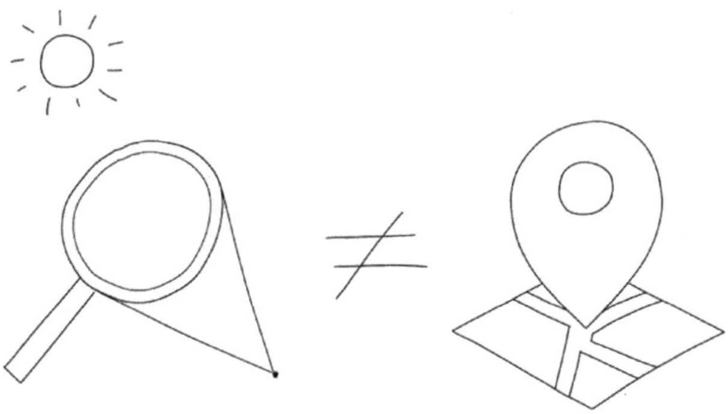

Einen Fokus zu haben, bedeutet im unternehmerischen Kontext, zu wissen, was man möchte. Zu wissen, in welche Richtung es gehen soll. Und zu wissen, mit wem man zusammenarbeiten möchte. Es nur zu wissen, genügt aber nicht! Man muss natürlich auch entsprechend danach handeln.

Wie zeigt sich das nun in einem Unternehmen? Bedeutet es, nur eine Sache anzubieten? Nur eine Zielgruppe im Auge zu haben? Klarheit über die Richtung zu haben, in die man marschiert? "Ja" zu den Dingen zu sagen, die mit dieser Richtung einhergehen und "Nein" zu allem anderen?

All das wird durch die Positionierung definiert. Das heißt, sich zu positionieren bedeutet, seinen Fokus zu setzen. Und ohne Fokus gibt es keinen Erfolg! Das beweisen sehr viele erfolgreiche Unternehmer.

In einer Folge seines Podcasts "The Game with Alex Hormozi" (2017-2025) ist Hormozi von einem Zuseher folgende Frage gestellt worden: "What things should agency owners avoid when they are trying to scale?" Seine Antwort darauf: "I mean the same things that any business owner would wanna avoid when they are scaling. Agencies tend to fall into the bucket of trying to be everything to everyone. So, maintaining the discipline to be very focused on the problem you are solving and who you are solving it for. And I think that solves 90% of the problems from a strategic perspective for any small business owner, including an agency."

Er meint, dass gerade Agenturen sehr oft in die Falle tappen, jedem alles recht machen zu wollen. Jedoch ist das Fokussieren auf EIN Problem und EINE Zielgruppe der richtige Weg zu Wachstum. Auch dabei geht es wieder mehr um die Wahrnehmung auf Kundenseite als um logische Umstände. Wenn man sagt, was man macht, sagt man gleichzeitig auch, was man nicht macht. Nämlich alles andere. Man wird daher eher als Spezialist und Experte wahrgenommen.

Bleiben wir beim Beispiel "Mobile-Apps für mehr Wettbewerbsfähigkeit von Maschinenbauunternehmen". Man sagt damit automatisch, dass man keine Websites für Frisörsalon-Inhaber macht, dass man keine Dashboards für Banken entwickelt. Und auch, dass man alles andere nicht macht, was unter "Individuelle Softwareentwicklung" eingeordnet werden kann.

Das heißt, Neinsagen führt dazu, den eigenen, festgelegten Fokus zu halten. Den Fokus auf die gewählte Positionierung! Den Fokus auf das Angebot! Den Fokus auf die Zielgruppe!

Durch Fokus wird und bleibt man Spezialist und Experte. Das ist es, was Kunden heutzutage suchen. Und daher führt der Fokus auf die richtigen Dinge und die Ablehnung der falschen zu mehr Erfolg. Fokus und Positionierung gehen Hand in Hand: Klarer Fokus und spitze Positionierung führen zu mehr Erfolg!

Verlängerte Werkbank = Partnerschaft auf Augenhöhe

In meiner Interpretation ist eine Werkbank ein Ort, wo Dinge gefertigt werden. Sie werden dort nicht geplant, sondern "nur" umgesetzt. Wenn jemand meint, er sei die "verlängerte Werkbank" des Kunden, höre ich zwei Dinge raus:

(1) Der Kunde hat schon eine "Werkbank", sie ist aber vielleicht zu kurz und muss daher verlängert werden.

(2) Man ist Umsetzer einer Lösung und nicht unbedingt Planer dieser.

Beide Punkte laufen darauf hinaus, dass "bloß" zusätzliches Personal benötigt wird, weil man selbst weiß, was man tut und Skills daher nach Zeit bezahlen kann.

Wenn wir den Bezug zu den bereits diskutierten Awareness-Stufen von Eugene Schwartz und den zwei grundlegenden Kundengruppen herstellen, bedeutet das, dass diese Kunden eher auf der Most-Aware-Stufe stehen. Und es bedeutet auch, dass diese Kunden eher ihre Probleme selbst verantworten und lösen als sich dafür einen Partner auf Augenhöhe zu suchen. Die verlängerte Werkbank zu sein, klingt für mich daher stark nach Hierarchie und austauschbarer Dienstleistung, nicht nach Partnerschaft auf gleicher Augenhöhe. Der Kunde sieht denjenigen, der seine Werkbank verlängert, als Commodity.

Willst du das? Bist du angetreten, um bloß die Arbeit von jemand anderem auszuführen? Genau das machen Arbeiter an einer Werkbank. ICH würde lieber mit im Planungsbüro sitzen wollen. Ich würde gerne Lösungen entwickeln wollen. Ich würde mitdenken wollen. Ich würde meine kreative Energie einsetzen wollen. So wie du? Positionierung macht dich zum Experten, der auch im Planungsbüro sitzt. Marketing hilft dir dabei, nicht bloß die verlängerte Werkbank des Kunden zu sein.

Marketing ist nur etwas für Große

In der Einleitung haben wir bereits besprochen, dass viele den Begriff Marketing mit Werbung gleichsetzen, obwohl Werbung nur ein Teil davon ist. Weil Werbung aber nur die größten Unternehmen auf einem derart hohen Niveau betreiben, um immer und überall wahrgenommen zu werden, denken CEOs kleinerer Unternehmen, Marketing sei nur etwas für Riesenkonzerne. Marketing ist aber für jedes Unternehmen relevant. Ein Unternehmen wird ohne Marketing nie groß werden, daher fällt uns nur bei großen Unternehmen auf, dass sie Marketing ernst nehmen. Kleinere Unternehmen nehmen wir nicht wahr.

Es ist aber nicht so, dass Unternehmen zuerst groß werden und danach mit dem Marketing beginnen. Sie werden groß, weil sie schon früh Marketing gestartet und nie damit aufgehört haben. Das ist ein riesiger Unterschied. Bei kleineren Unternehmen ist es meist so, dass sie Marketingmaßnahmen erst setzen, wenn sie zu wenige Kunden und Projekte haben. Ist das Problem vorerst gelöst, schläft Marketing meist wieder ein. Bis dann wieder zu wenige Kunden und Projekte vorhanden sind. Erst dann unternimmt man Marketing-mäßig wieder etwas dagegen. Ein ewiger Zyklus! Ein ewiges Auf und Ab! Konstante Unsicherheit! Keine Planbarkeit!

Wir haben uns auf den vorangegangenen Seiten 22 der limitierendsten und negativsten Denkmuster angesehen, die besonders unter Technikern in Bezug auf Marketing verbreitet sind. Wenn du aber mit deinem Unternehmen erfolgreich werden willst, musst du diese über Bord werfen. Und zwar sofort! Das Dumme dabei ist: Limitierende Glaubenssätze lösen sich nicht von jetzt auf gleich auf. Denkmuster sind wie feste Mauern. Mauern hindern uns am Vorankommen. Erst beim Gedanken an einen Abriss bilden sich zunächst bloß kleine, feine Haarrisse, dann beginnen die Mauern zu bröckeln und erst dann stürzen sie vollständig ein.

Es stellt sich die Frage: Was liegt hinter diesen Mauern?

Ich hoffe, dass zumindest in allen der besprochenen Bereiche erste feine Haarrisse entstanden sind. Mein Ziel ist es, dass du diese limitierenden und negativen Paradigmen in Bezug auf Marketing und Positionierung hinter dir lässt, damit du in Zukunft anders handelst und bessere Entscheidungen triffst. Alles mit nur einem einzigen Ziel: Damit du mit deinem Unternehmen in Zukunft wesentlich erfolgreicher wirst als du es heute bist.

Key Takeaways

- Breite Positionierung führt nicht zu mehr Aufträgen, sondern tatsächlich zu wenigeren, weil sonst niemand versteht, was du eigentlich machst.
- Mit "Individuelle Softwareentwicklung für Unternehmen" bist du kein Experte, sondern Generalist. Kunden wollen mit Experten zusammenarbeiten.
- Positionierung ist kein Marketing-Blabla, sondern die strategische Ausrichtung deines Unternehmens.
- Deine Positionierung ist nicht in Stein gemeißelt und muss geändert werden, wenn sich die Umstände ändern.
- Sich zu positionieren erfordert 3 Dinge von dir als CEO: Mut zu haben, Fokus zu setzen und Verantwortung zu übernehmen.

So positionierst du dich richtig

Hinter abgerissenen Mauern steht Fortschritt!

Um diesen Fortschritt zu erzielen, muss man sich richtig positionieren. Die eigene Positionierung auszuarbeiten und umzusetzen, kann ein mühsamer Prozess sein. Gerade dann, wenn man das nicht tagtäglich macht oder überhaupt noch nie gemacht hat. Ratlosigkeit, Überforderung und Ungewissheit machen sich schnell breit. All das lässt sich aber deutlich reduzieren, wenn man einen konkreten Plan hat, den man Schritt für Schritt befolgen kann. In diesem Kapitel sehen wir uns einen solchen Plan an. Wir sehen uns an, was man tun muss, um seine Positionierung zu "finden" und auch, wie man sie danach umsetzt. Und zwar Schritt für Schritt. Ich werde die einzelnen Schritte auch anhand eines fiktiven Beispiels verdeutlichen. Hierzu habe ich eine typische Software-Agentur gewählt. Die einzelnen Schritte sind jedoch auch auf jedes andere Dienstleistungsunternehmen anwendbar. Egal, in welcher Branche.

Der Plan sich zu positionieren, lässt sich in vier Phasen unterteilen:

Phase 1: Analyse des Status Quo

- Analyse der bisherigen Projekte und Branchen
- Analyse der Skills und Interessen im Team

Phase 2: Ausarbeitung der Positionierung

- Brainstorming von Positionierungs-Ideen
- Ängste und Träume der Zielgruppe
- Positionierungs-Statements
- Value Ladder und Lead Magnet

Phase 3: Implementierung und Test der Positionierung

- Attractive Character
- Landingpage
- Leadgenerierung
- Social Media
- SPIN® Selling
- Persuasion Booster
- Einwandbehandlung
- Case Studies und Testimonials
- Positionierung anpassen/iterieren

Phase 4: Skalierung der Positionierung

- Mehr, besser, neu
- Lead-Bearbeitung und Fulfillment

Ich gebe zu, das klingt nach einer Menge Arbeit - und ja, das ist es auch - aber sie lohnt sich auf jeden Fall. Du spürst vielleicht jetzt einen inneren Widerstand, gerade dann, wenn diese Themen noch sehr neu für dich sind. Aber keine Sorge, ich lasse dich damit nicht allein. Wir gehen die Phasen nun nach und nach zusammen durch und ich werde versuchen, diese Widerstände abzubauen. Erfolgreiche Unternehmen spüren keinen Widerstand gegenüber Marketing und Sales. Erfolgreiche Unternehmen lieben Marketing und Sales. Ich werde nachfolgend versuchen, eine grundlegende Basis für diese "neue Liebe" zu schaffen.

Let's dive in!

Phase 1: Analyse des Status Quo

Analyse der bisherigen Projekte und Branchen

Weil du dieses Buch hier liest, gehe ich davon aus, dass du bereits einige Jahre selbstständig bist. Du liest es, weil du unzufrieden mit dem Fortschritt deiner Software-Agentur bist. Vielleicht bist du aber sogar frustriert vom fehlenden Fortschritt, frustriert vom Stillstand. Du hast wahrscheinlich bereits eine Vielzahl an Projekten für unterschiedliche Kunden in den unterschiedlichsten Branchen umgesetzt. Ich vermute, bei dir ist über die Jahre ein Wildwuchs an Kunden und Projekten entstanden. Das ist deshalb geschehen, weil du bisher noch keine Positionierung hattest. Du hattest keinen Fokus. Du hast zu allem und jedem "Ja" gesagt. Dein erster Gedanke ist jetzt vielleicht: Wie soll ich ein Muster in all dem Chaos entdecken? Aber keine Sorge, das ist kein Problem, das lässt sich finden. Der allererste Schritt hin zur spitzen und klaren Positionierung und raus aus dem Chaos ist, sich diesen Wildwuchs systematisch und detailliert anzusehen:

- Liste zunächst auf, welche Branchen du bisher bereits bedient hast. Gibt es da bereits Überschneidungen? Notiere dazu auch, mit Unternehmen welcher Branche es Spaß gemacht hat, zu arbeiten. Es gibt Branchen, für die du dich eher interessierst und welche, die dich nicht so interessieren.
- Liste auf, mit welcher Art von Unternehmen du zusammengearbeitet hast. Waren das eher große oder kleine Unternehmen? Waren es neue oder etablierte Unternehmen? Wer waren deine Ansprechpartner? War es der CEO oder der IT-Leiter? Auch hier haben wir bestimmte Präferenzen. Gibt es offensichtliche Überschneidungen?
- Liste als Nächstes auf, welche Arten von Applikationen du bisher umgesetzt hast. Waren es vorwiegend Web-Apps? Oder Mobile-Apps? Hast du eher Front- oder Backends entwickelt? Auch hier wieder die Frage: Gibt es Überschneidungen?
- Zu guter Letzt: Liste auf, welchen Sinn und Zweck die Applikationen hatten, die du für deine Kunden entwickelt hast.

Aus meiner Sicht gibt es nur einen Grund, warum man Individualsoftware entwickeln lässt: Man möchte mehr Gewinn erzielen. Das wiederum kann man auf zwei Wegen erreichen: Man kann entweder Kosten einsparen oder mehr Umsatz anstreben. Natürlich kann man auch beides zur selben Zeit versuchen. Individualsoftware erfüllt immer primär einen dieser beiden Absichten, sie kann aber grundsätzlich auch die jeweils andere Absicht mit abdecken. Wenn du dir etwas schwer damit tust, das einzuordnen, hier noch eine Frage, wie du erkennen kannst, was die primäre Absicht dieser Individualsoftware ist: Wer nutzt die Software, Kunden des Kunden oder Mitarbeiter des Kunden? Im ersten Fall deutet es darauf hin, dass es sich um Software handelt, die für mehr Umsatz sorgen soll. Im zweiten Fall sollen Kosten eingespart werden. Hast du also öfter Software entwickelt, die dem Kunden dabei geholfen hat, Kosten einzusparen oder ihm dabei geholfen, mehr Umsatz zu erzielen? Gibt es hier Überschneidungen? Warum das entscheidend ist, behandeln wir später.

Zusammengefasst: Analysiere die bisherigen Branchen, Unternehmen, Ansprechpartner in diesen Unternehmen, Applikationen und deren primäre Absichten (Kosteneinsparung vs. Umsatzgenerierung). Welche Gemeinsamkeiten stechen dir ins Auge? Hast du vielleicht bereits mehrfach Mobile-Apps für Maschinenbauunternehmen entwickelt, die darauf abgezielt haben, die Maschinen dieses Unternehmens wettbewerbsfähig zu halten (= mehr Umsatz zu generieren)?

Analyse der Skills und Interessen des Teams

Natürlich geht dieser Punkt stark Hand in Hand mit dem vorherigen, denn du wirst keine Mobile-App für Kunden entwickelt haben, wenn du davon keine Ahnung hast. Klar, man lernt mit jedem Projekt immer etwas Neues dazu, aber eine grundsätzliche Kenntnis muss schon vorhanden sein. Das, was du geliefert hast, entspricht also dem, was du kannst (= deinen Skills). Ansonsten hättest du es nämlich nicht liefern können. Aber vielleicht kannst du auch Dinge, die du noch nicht geliefert hast?

Und was ist mit deinen Interessen? Welche Branchen interessieren dich? Welche Probleme haben es dir angetan? Wobei bist du regelrecht aufgeblüht? Wo warst du aber auf der anderen Seite froh, dass das Projekt endlich abgeschlossen war? Was würdest du nicht wieder machen wollen? Mit wem würdest du nicht wieder zusammenarbeiten wollen?

Analysiere die Auflistung aus dem vorherigen Punkt nochmal im Hinblick darauf, was du auch zukünftig machen möchtest! Das ist entscheidend. Es bringt nichts, eine Positionierung zu entwickeln, die dich nicht anspricht. Und vor allem - wenn du nicht mehr gänzlich allein agierst - wie sieht das alles in deinem Team aus? Natürlich, umso größer dein Team ist, umso schwieriger wird es, einen gemeinsamen Nenner zu finden. Es wird selten etwas geben, das allen gleich gut gefällt. Hier gilt es, die Sache zu finden, die den meisten gefällt und mit der sich die anderen arrangieren können. Setze dich mit deinem Team an einen Tisch und sprecht darüber, was jeder einzelne kann und gerne machen möchte! Deine Aufgabe als CEO ist es, das anschließend zu ordnen und zu strukturieren, bevor du in die nächste Phase eintrittst.

Du hast dich in dieser ersten Phase intensiv mit dir und mit deinem Team beschäftigt. Du hast dir bisherige Branchen, Unternehmen, Ansprechpartner, Applikationen und deren primäre Absichten angesehen. Du hast dich mit deinen und mit den Interessen deines Teams befasst. Zusammengefasst kann man sagen, du hast den Status Quo analysiert. Genau diese Analyse bildet nun die Basis für die zweite Phase.

Phase 2: Ausarbeitung der Positionierung

Brainstorming von Positionierungs-Ideen

In der Einleitung haben wir diskutiert, dass eine klare und spitze Positionierung auf drei Säulen beruht: dem Was, dem Wer und dem Warum (3-Säulen-Positionierung). Nachdem du dich nun intensiv mit dir und mit deinem Team beschäftigt hast, stellen sich folgende Fragen: Was hat der Kunde davon? Welche Positionierung könnte sich daraus ergeben? Hast du vielleicht schon ein Angebot/Ergebnis im Kopf (= Was)? Hast du vielleicht schon den Blick auf eine bestimmte Zielgruppe gerichtet (= Wer)? Hast du vielleicht schon einen Nutzen erkannt, den du mit deinem Angebot/Ergebnis für diese Zielgruppe stiftest (= Warum)?

Wenn ja, sehr gut! Wenn nein, auch kein Problem! Wir kommen Schritt für Schritt dorthin - versprochen! Sieh dir als Erstes in aller Ruhe an, was du in der vorangegangenen Analyse der Projekte/Unternehmen und der Skills/Interessen notiert hast und versuche gezielt, daraus Positionierungen zu formen. Versuche im ersten Schritt aber eines unbedingt zu vermeiden, nämlich Ideen gleich zu bewerten. Beim Sammeln/Generieren von Ideen (= Brainstorming) ist es zunächst egal, wie schlecht/unrealistisch manches auf den ersten Blick erscheint. Man schreibt es dennoch auf und filtert es erst im zweiten Schritt. Das ist deshalb so wichtig, weil Ideen oftmals auf anderen Ideen aufbauen. Eine sehr gute Idee gäbe es manchmal gar nicht, würde sie nicht von einer vermeintlich schlechten hervorgebracht werden.

Setze dir auch ein Zeitlimit für die erste Phase des Brainstormings, zum Beispiel eine Stunde, und nutze diese Zeit auch wirklich bis zum Schluss. Auch dann, wenn du vielleicht zwischendurch denkst, dir fällt nichts mehr ein. Viele gute Ideen kommen erst ganz zum Schluss, nachdem man diesen zähen Abschnitt überwunden hat.

Weiters ist es auch sehr hilfreich, nicht allein zu brainstormen. Hast du einen Geschäftspartner, mit dem du das zusammen machen kannst oder einen eng vertrauten Mitarbeiter? Hast du vielleicht auch eine Person außerhalb deines Businesses, mit der du gemeinsam nachdenken kannst? Jeder denkt anders. Das kann und sollte man sich hier aktiv zu Nutze machen. Manchmal basieren die besten Ideen auf Ideen anderer.

Wenn die erste Phase des Brainstormings abgeschlossen ist, folgt die zweite, nämlich Ideen zu gruppieren, bewerten und priorisieren. Gruppiere als Erstes alles, was sich ähnlich ist. Verwerfe alles, das du sicher nicht machen möchtest. Was von dem, das übrig bleibt, spricht dich am meisten an? Versuche eine Priorisierung dieser übrig gebliebenen Ideen! Nicht für alles, aber zumindest für die 2-3 Top-Ideen. Alex Hormozi sagt in seinem Podcast "The Game with Alex Hormozi" (2017-2025) zwar, es gibt nur eine einzige Priorität und nicht mehrere, weil Priorität von "prioritas" (= Vorrang) kommt und nur eine Sache Vorrang haben kann, aber weil wir noch nicht so richtig wissen, was davon gut funktionieren wird, halten wir uns lieber 2-3 Dinge in petto. Wir testen als Erstes die Top-Priorität und greifen nur dann auf Priorität 2 oder 3 zurück, falls die erste nicht klappt.

Sehen wir uns die Analyse und das Brainstorming anhand eines fiktiven Beispiels näher an. Angenommen, eine Software-Agentur hat nachfolgende Projekte umgesetzt. Zu jedem ist vermerkt, welcher der beiden Wege in dem Projekt zur Gewinnmaximierung (Umsatzsteigerung oder Kostenreduzierung) primär verfolgt wurde.

- Web-basierter Konfigurator für industrielle Zaunanlagen (= Umsatzsteigerung)
- IoT (Internet of Things) - Plattform (Frontend & Backend) für Recyclinganlagen (= Umsatzsteigerung)
- Lager-Dashboard für ein Maschinen-Großhandelsunternehmen (= Kosteneinsparung)
- Automatisiertes Kunden-Wechselsystem für ein Startup im Finanzbereich (= Kosteneinsparung)
- Web-Oberfläche zur Überwachung eines internen Prozesses für einen Wärmepumpen-Herstellers (= Kosteneinsparung)
- Anbindung eines Zahlungssystems an ein Warenwirtschaftssystem für ein Maschinenbauunternehmen (= Kosteneinsparung)

Was fällt hier auf? Es wurden 4 von 6 Projekte mit dem Ziel umgesetzt, Kosten einzusparen. Das heißt der Nutzen, auf den zukünftig das Hauptaugenmerk gelegt werden könnte, könnte genau dieser sein. Weiters fällt auf, dass in 4 von 6 Fällen unter anderem eine Web-Oberfläche entwickelt wurde. Und es fällt auf, dass die Kunden bei fast allen Projekten aus der Industrie gekommen sind.

Angenommen, das Team dieser Software-Agentur besteht aus folgenden Entwicklern:

- Thomas: Frontend-Developer
- Maximilian: Fullstack-Entwickler
- Michael: Fullstack-Entwickler
- Susanne: UI/UX-Designerin
- Sonja: Backend-Engineer
- Petra: SCRUM-Master

Alle diese Entwickler sind im Bereich Web-Development angesiedelt. Klar, ansonsten wären auch die zuvor gelisteten Projekte vermutlich nicht so entstanden. Du denkst vielleicht, diese Analyse ist hinfällig, aber ich denke, sie macht nochmals deutlich klar, dass man beispielsweise keine Positionierungen im Bereich Embedded Softwareentwicklung anstreben sollte, weil man offensichtlich nicht viel Ahnung davon hat. Bezüglich der Interessen ist dieses Team breit aufgestellt und hat keinen besonderen Fokus.

Welche Positionierungs-Ideen ergeben sich nun auf dieser Basis? Nachfolgend das Ergebnis einer fiktiven Brainstorming-Session.

1. Virtualisierung von IoT-basierten Maschinen zur Minimierung der Wartungskosten
2. Optimierung von Recyclinganlagen zur Steigerung des Durchsatzes
3. Monitoring des Herstellungsprozesses von Wärmepumpen zur Minimierung der Fehlerrate

Wenn du die Analyse und das Brainstorming so durchgezogen hast, wie ich es eben beschrieben habe, solltest du bis hierher zu einem ähnlichen Ergebnis gekommen sein, natürlich mit deinen eigenen Positionierungs-Ideen.

Ängste und Träume der Zielgruppe

Als Nächstes versetzen wir uns in die Zielgruppe.

W. Chan Kim und Renée A. Mauborgne beschreiben das sehr ausführlich in "Blue Ocean Strategy" (2005): Es geht um "Value Innovation", also darum, außergewöhnlichen Mehrwert für den Kunden zu schaffen. Was möchte der Kunde erreichen? Was möchte er vermeiden? Wo steht er gerade?

Ich denke, viele Probleme im Business können gelöst werden, wenn man sich ehrlich und ernsthaft in die Lage des Kunden versetzt. Das machen die Wenigsten. Viele konzentrieren sich nur auf sich selbst oder auf ihren Mitbewerb. Und daher sind die Wenigsten auch erfolgreich.

Damit wir uns ehrlich und ernsthaft in die Lage des Kunden versetzen können, um seine Ängste und Träume zu verstehen, sollten wir ein grundsätzliches Verständnis davon haben, wie unser Gehirn in diesem Kontext funktioniert.

Es gibt zwei grundsätzliche Systeme in unserem Gehirn: das Stresssystem und das Belohnungssystem. Als Erstes wollen wir Gefahren vermeiden (Stresssystem) und erst dann wollen wir Ziele erreichen (Belohnungssystem). In vielen Business- und Marketingbüchern wird in diesem Zusammenhang auch oft von zwei grundsätzlichen menschlichen Motivationen gesprochen: “away from pain” und “towards pleasure”.

Wie auch immer wir das bezeichnen, wir müssen uns über zwei Dinge Gedanken machen: Was will die Zielgruppe nicht und was will sie stattdessen? Anders ausgedrückt, welche Ängste und Sorgen hat sie und welche Träume und Wünsche? Je genauer und intensiver du dich damit auseinandersetzt, umso besser werden deine Ergebnisse sein. Je besser die Ergebnisse werden, umso überzeugender wird deine gesamte Kommunikation (Website, Social Media, persönliche Gespräche, etc.) werden.

Du denkst nun vielleicht: “Ich bin Techniker und ich bin es nicht gewohnt, über meine Gefühle zu sprechen. Und auch für meine Zielgruppe ist es befremdend, über ihre Gefühle zu sprechen.” Ich kann das nachvollziehen, aber lass mich dir eine wichtige Sache sagen: Menschen sind emotionale Wesen, das heißt, wir entscheiden in erster Linie immer auf Basis von Emotionen. Manchen sind diese bewusst, manchen nicht. Da Techniker auch Menschen sind, ist das bei ihnen nicht anders. Es mag ihnen nur vielleicht nicht so bewusst sein, weil sie in ihrem Beruf meist sehr rational und analytisch vorgehen. Aber Entscheidungen werden erst emotional getroffen und sie werden danach rational begründet.

Nimm dir wirklich Zeit, um intensiv über diese Fragen nachzudenken! Je genauer du die Zielgruppe kennst, umso besser kannst du diese Fragen beantworten.

Sehen wir uns das anhand unseres fiktiven Beispiels an: Zielgruppe sind Maschinenhersteller. Das haben wir zwar bisher noch nicht so klar formuliert, aber "Virtualisierung von IoT-basierten Maschinen zur Minimierung der Wartungskosten" ist in erster Linie für Hersteller von Maschinen interessant, würde ich sagen. Ich möchte behaupten, dass Maschinenhersteller meist ältere Unternehmen sind. Kaum jemand gründet heute in einer zunehmend digitalen Welt ein Unternehmen auf Basis einer Idee für eine neue Maschine. Zumindest denke ich, dass das so ist. Ältere Unternehmen haben schon viel durchgemacht. Ihnen ist vielleicht Stabilität wichtiger als Fortschritt. Vielleicht haben sie auch Sorge, von anderen überholt zu werden. Was könnten also konkret die Ängste und Sorgen beziehungsweise die Träume und Wünsche von Maschinenherstellern sein? Versuchen wir einige der Punkte aufzulisten! Ich habe hierfür ein generatives KI-Tool zum Brainstorming verwendet.

Ängste und Sorgen:

- Disruption durch neue Geschäftsmodelle
- Verpassen des digitalen Wandels
- Komplexität der Implementierung digitaler Lösungen
- Hoher Innovationsdruck und hohe Entwicklungskosten
- Schwierigkeit bei der Kommerzialisierung von Innovationen
- Risiken bei Investitionen in vielleicht noch nicht ausgereifte Technologien
- Fachkräftemangel
- Auftragsflaute und Nachfrageeinbrüche
- Globaler Wettbewerb und Preisdruck
- Steigende Rohstoff- und Arbeitskosten
- Handelskonflikte und Zölle
- Anfälligkeit von globalen Lieferketten und Engpässen

Träume und Wünsche:

- Etablierung neuer, innovativer Geschäftsmodelle
- Technologischer Vorsprung gegenüber der Konkurrenz
- Vorreiter im Bereich Industrie 4.0 und Digitalisierung
- Vollständige Vernetzung der Produktion und Produkte (IoT)
- Effektive Nutzung von KI und Big Data für Optimierung
- Sicherung und Ausbau des Fachkräftepools
- Stabile und wachsende Auftragslage
- Hohe Kundenzufriedenheit und langfristige Kundenbeziehungen

- Starke Markenwahrnehmung und globale Präsenz
- Erfolgreiche Expansion in neue Märkte
- Kontinuierlicher Strom bahnbrechender Innovationen
- Resiliente und diversifizierte Lieferketten

Wie du siehst, beziehen sich die jeweils ersten paar Punkte auf Ängste/Sorgen und Träume/Wünsche, die mittels Software gelöst/erreicht werden können. Wir werden in unserer Kommunikation natürlich eher diese Dinge aufgreifen, als dass wir über "Anfälligkeit von globalen Lieferketten und Engpässen" und über "Resiliente und diversifizierte Lieferketten" sprechen. Auch da kann Software vielleicht einen Einfluss haben, aber keinen so direkten wie bei "Verpassen des digitalen Wandels" und "Technologischer Vorsprung gegenüber der Konkurrenz".

Zur Erinnerung: Die gewählte Positionierung in unserem fiktiven Beispiel lautet: "Virtualisierung von IoT-basierten Maschinen zur Minimierung der Wartungskosten". Du denkst nun: "Wartungskosten sind weder Teil ihrer Ängste und Sorgen, noch ihrer Träume und Wünsche." Das beruht darauf, dass wir von Ängsten/Sorgen und Träumen/Wünschen auf einem sehr hohen Niveau gesprochen haben. "Hohe Wartungskosten" führt dann beispielsweise dazu, dass man "Auftragsflaute und Nachfrageeinbrüche" empfindet. Der Grund dafür ist womöglich "Verpassen des digitalen Wandels". Unternimmt man aber etwas dagegen, erreicht man vielleicht "Technologischen Vorsprung gegenüber der Konkurrenz". Merkst du, wie das alles zusammenhängt?

All diese Überlegungen sind die Grundlage für die nächsten beiden Schritte, nämlich der Formulierung der Positionierung, sowie der Definition der Value Ladder und Konzeption eines Lead Magneten.

Positionierungs-Statements

In einer Welt, in der immer mehr Reize um unsere Aufmerksamkeit kämpfen, ist es wichtiger denn je, seine Positionierung kurz, knapp und prägnant zu formulieren. Wenn dich auf einer Networking-Veranstaltung jemand fragt: "Was machst du?", dann wäre es gut, wenn du eine kurze, knappe und prägnante Antwort darauf parat hättest. Wenn du mehr als ein bis zwei Sätze brauchst, um zu erklären, was du machst, ist das ein starkes Zeichen dafür, dass du deine Positionierung entweder noch nicht "gefunden" hast oder aber, dass du noch nicht an der effizienten Formulierung dieser gearbeitet hast. Wenn du dann noch Beispiele von umgesetzten Projekten nennen musst, um diese Frage zu beantworten, dann ist es kein bloßes Zeichen mehr. Dann ist es Gewissheit!

Natürlich kommen wir wieder auf die 3-Säulen-Positionierung zurück. Es muss absolut klar sein, was du machst, für wen du das machst und was diese Leute davon haben. Was, wer und warum! Das muss aus deiner Positionierung hervorgehen. Wenn ich dein Statement lese, soll eigentlich keine Frage mehr offen bleiben. Außer vielleicht: "Was kostet es und wann kann ich es haben?"

Wie formuliert man nun eine solche kurze, knappe und prägnante Antwort? Dazu möchte ich mir mit dir die vier nachfolgenden Frameworks ansehen:

1. I do *[Result]* so that *[Target Customer]* can *[Dream Outcome]*
2. How *[Target Customer]* To *[Dream Outcome]* Without *[Pain]*
3. For *[Target Customer]* - How To *[Dream Outcome]* By/Through *[Vehicle]*
4. How To *[Dream Outcome]* Without *[Pain]* Even If You *[Biggest Fear]*

Diese Frameworks zur Formulierung eines Angebotes habe ich mir von Russell Brunson's "Expert Secrets" (2017) und Alex Hormozi's "$100M Offers" (2021) abgekupfert und teils für mich adaptiert. Es sollen auf jeden Fall Ergebnis, Zielgruppe und Nutzen kommuniziert werden. Und das am besten in einem Satz, beziehungsweise sogar idealerweise in einem Halbsatz.

Wir greifen wieder unser fiktives Beispiel auf. Man könnte die vier Frameworks beispielsweise wie folgt anwenden:

1. Wir virtualisieren IoT-basierte Maschinen, damit Hersteller im Betrieb geringere Wartungskosten haben
2. Wie Maschinenhersteller durch die Virtualisierung von IoT-basierten Maschinen im Betrieb Wartungskosten minimieren können
3. Für Maschinenhersteller - geringere Wartungskosten im Betrieb - durch die Virtualisierung von IoT-basierten Maschinen
4. Wartungskosten durch den Einsatz von Software reduzieren, ohne selbst Software entwickeln zu können und ohne dabei einer inkompetenten Agentur ausgeliefert zu sein

Wie man erkennen kann, eignet sich das erste Framework sehr gut für ein Gespräch. Das zweite, dritte und vierte Framework sind hingegen besser geeignet, um auf der Website, auf Social Media und anderen Marketingkanälen angewendet zu werden.

Das sind aber bei Weitem nicht die vier einzigen Möglichkeiten, eine Positionierung oder ein Angebot zu formulieren. Auch die jeweilige genannte Formulierung ist nicht die einzig mögliche. Man kann neben "geringe Wartungskosten" auch jeden anderen Punkt der Ängste/Sorgen und Träume/Wünsche verwenden. Beispielsweise könnte man auf "Verpassen des digitalen Wandels" als Angst setzen. Das würde dann angewandt auf das zweite Framework wie folgt aussehen: "Wie Maschinenhersteller durch die Virtualisierung von IoT-basierten Maschinen den digitalen Wandel nicht verpassen."

Das Problem ist, dass es nicht nur einen Weg gibt, sondern unzählige Wege. Ein weiteres Problem ist, dass man vorher nicht wissen kann, was am besten funktionieren wird. Im Marketing existiert ein allgemein gültiges Credo: "Rules are silver but testing is golden", was soviel bedeutet wie: Nur durch Testen erreicht man die besten Ergebnisse. Das bedeutet, du musst verschiedene Formulierungen testen, um herauszufinden, welche die beste ist, sprich, welche am besten mit deiner Zielgruppe resoniert und welche sie genau dort abholt, wo sie gerade steht. Man sagt, am besten ist es, wenn man in die Konversation einsteigt, die ohnehin schon im Kopf des Kunden stattfindet. Je besser also dein Zielgruppenverständnis ist, umso leichter gelingt dir das.

Value Ladder und Lead Magnet

Die Grundlage für jede Zusammenarbeit ist Vertrauen. Vertrauen, dass das gewünschte Ergebnis zu den genannten Kosten und innerhalb der versprochenen Zeit auch tatsächlich erreicht wird. Bei physischen Produkten spielt Vertrauen eine geringere Rolle als bei Dienstleistungen. Das hat unter anderem damit zu tun, dass das Ergebnis bei Dienstleistungen schwerer zu greifen ist. Weiters ist auch der Dienstleister schwerer zu wechseln, wenn man letztlich doch mit ihm unzufrieden ist. Und man kann Ergebnisse oft nicht wirklich vergleichen. Da Softwareentwicklung eine Dienstleistung ist, spielt Vertrauen hier eine zentrale Rolle. Auch, weil es sich meist um größere Projekte und daher längerfristiges Zusammenarbeiten handelt. Damit steht mehr auf dem Spiel, wenn etwas schiefläuft.

Es stellt sich also die Frage, wie Vertrauen aufgebaut werden kann. Was kann der Dienstleister unternehmen, um dem Auftraggeber den Vertrauensaufbau zum Dienstleister zu erleichtern? Hierzu gibt es - neben anderen - nachfolgende Möglichkeiten, die teils parallel verfolgt werden können und auch sollten.

1. **Häufige Touchpoints:** Wir vertrauen dem, was wir wiederholt sehen.
2. **Zusammenarbeit** mit einem Dienstleister, die einem **geringem/keinem Risiko** unterliegt: Es ist sehr wahrscheinlich, dass wir erneut tun, was wir schon mal getan haben, wenn es uns nicht geschadet, sondern genützt hat.
3. **Social Proof** (Reviews, Testimonials, Case Studies oder Kundenlogos), also der Beweis dafür, dass bereits zahlreiche andere Auftraggeber auch mit diesem Dienstleister zusammengearbeitet haben und mit den Ergebnissen zufrieden waren: Wir tun eher, was andere tun/getan haben.
4. **Zielgerichtete Kommunikation** des Dienstleisters in Bezug auf die Probleme des Auftraggebers: Wenn andere unsere Probleme benennen können, gehen wir davon aus, dass sie auch eine Lösung dafür haben. Außerdem vertrauen wir Autoritäten und ein Experte in einem bestimmten Bereich wird als solcher wahrgenommen.
5. **Unterstreichen von Gemeinsamkeiten** (Herkunft, Sprache, Erfahrungen, etc.) zwischen dem Dienstleister und dem Auftraggeber: Wir vertrauen jemandem schneller, der uns selbst ähnlich ist.
6. **Reziprozität**, also erst zu geben und dann zu nehmen: Wenn wir von jemandem etwas Wertvolles bekommen, fühlen wir uns nahezu verpflichtet, demjenigen auch wieder etwas zurückzugeben.

All das sind Erkenntnisse aus der Forschung zur menschlichen Verhaltenspsychologie (Stichworte: "Human Behavior", "Behavioral Psychology/Economics", "Persuasion", "Influence"). Wir können uns das aktiv im Marketing zu Nutze machen und damit unsere Kunden entsprechend beeinflussen und steuern. Vertrauensaufbau können wir zum Beispiel durch Value Ladder und Lead Magneten beeinflussen.

Die Value Ladder ist ein Konzept, das Russell Brunson in "Dotcom Secrets" wie folgt erklärt: "As customers ascend your value ladder, your offers will increase in value and price." (2015, S.46). Das heißt, je weiter dein Kunde in deiner Value Ladder fortgeschritten ist, umso mehr Wert erhält er von dir, aber auch, umso mehr muss er dir dafür bezahlen.

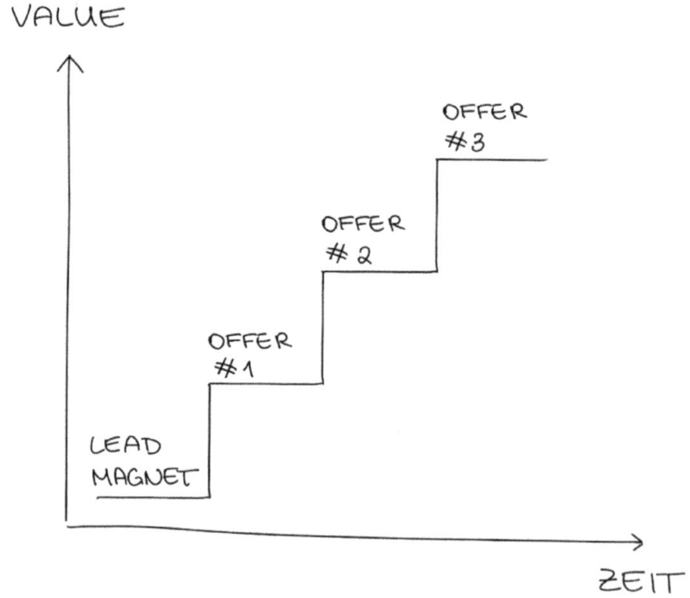

Niemand kauft aber von jemandem etwas um mehrere tausend Euro, wenn vorher nicht Schritt für Schritt Vertrauen aufgebaut wurde. Durch einen "einfachen Einstieg in deine Welt" wird es deinem Kunden erleichtert, initiales Vertrauen zu dir aufzubauen, damit er überhaupt die nächsten Stufen erklimmen kann. Meist sind die ersten Stufen einer solchen Value Ladder bei einem Dienstleistungsunternehmen kostenlose Angebote, beispielsweise kostenlose Analyse, Beratung, befristete Zusammenarbeit oder Ähnliches. Du findest die Punkte 1. Touchpoints, 2. Zusammenarbeit und 6. Reziprozität von vorhin hier wieder.

Greifen wir wieder unser fiktives Beispiel auf: "Virtualisierung von IoT-basierten Maschinen zur Minimierung der Wartungskosten". Die erste Stufe der Value Ladder könnte eine kostenlose Potenzialanalyse sein. Welche Wartungskosten lassen sich im jeweiligen Unternehmen aller Voraussicht nach einsparen? Dazu müssten sich der Dienstleister und der potenzielle Auftraggeber für eine Stunde an einen gemeinsamen Tisch setzen, um dieses Potenzial zu evaluieren. Der potenzielle Auftraggeber weiß danach, welche Kosten durch eine entsprechende Softwarelösung eingespart werden könnten. Das wäre eine wertvolle Erkenntnis.

Nach dieser ersten Stufe auf der Value Ladder hat der potenzielle Kunde bereits mehrere Touchpoints gesammelt (1.) und er hat ein Gefühl für eine Zusammenarbeit bekommen, ohne dabei ein hohes Risiko einzugehen (2.). Reziprozität (6.) macht es nun ziemlich wahrscheinlich, dass dieser potenzielle Kunde zum tatsächlichen Kunden wird und er die nächste Stufe auf der Value Ladder erklimmt. Dieser könnte ein 1-Tages-Workshop zur Anforderungsanalyse und Konzeption der benötigten Software sein. Der Dienstleister könnte diesen beispielsweise für 1.990€ anbieten. Nach diesem Workshop würde erst die mehrmonatige Zusammenarbeit zur Entwicklung der konzeptionierten Software folgen, deren Preis vermutlich fünfstellig sein würde.

Wie du siehst, bekommt der Kunde immer mehr Wert und muss auch immer mehr dafür bezahlen. Die Value Ladder ermöglicht es ihm, nach und nach Vertrauen aufzubauen, was die Grundlage für eine kosten- und zeitintensive Zusammenarbeit ist. Ich denke, je höher das wahrgenommene Risiko in Bezug auf Zeit und Geld auf der Kundenseite ist, umso mehr Fokus sollte auf eine entsprechend gut konzeptionierte Value Ladder gelegt werden. Man sollte es auf der anderen Seite aber auch nicht übertreiben. Ich denke, zwei bis drei Stufen sind in den allermeisten Fällen ausreichend.

Je nach Umsetzung kannst du die erste Stufe einer Value Ladder auch als Lead Magnet betrachten. Vor allem dann, wenn du dich für die Lösung eines kleinen Problems von potenziellen Kunden mit deren Kontaktdaten bezahlen lässt, anstatt Geld dafür zu verlangen. Du kennst das bestimmt: "Buche eine kostenlose Analyse, indem du deine Kontaktdaten eingibst!" oder "Lade dir den kostenlosen Guide herunter, indem du deine E-Mail-Adresse einträgst!" Einmal eingegeben, erhältst du dann neben dem eigentlichen Termin/Guide auch regelmäßig E-Mails mit Wert. Man bezeichnet das als E-Mail-Marketing. Du erhältst wertvolle Infos und baust gleichzeitig Vertrauen zum Dienstleister auf. Aber noch etwas Wichtiges passiert hier: Der Dienstleister kann sich so als Autorität positionieren (4.), er kann Gemeinsamkeiten durch Stories unterstreichen (5.) und er kann Social Proof durch Case Studies und Testimonials demonstrieren (3.). All das baut Vertrauen auf.

Alex Hormozi definiert einen Lead Magneten in "$100M Leads" wie folgt: "A lead magnet is a complete solution to a narrow problem. And, once solved, it reveals another problem solved by your core offer" (2023, S.31). Alex Hormozi definiert weiters drei grundlegende Arten von Lead Magneten: Sie können ein Problem aufzeigen, kostenlose Samples und Trials anbieten oder einen Schritt einer Multi-Schritt-Lösung umsetzen (2023, S.33).

Du siehst, der Lead Magnet ist nicht nur dazu da, um Kontaktdaten von potenziellen Kunden zu bekommen, sondern auch dafür, um ein Problem potenzieller Kunden zu lösen. Idealerweise wirft die Lösung des Problems gleich das nächste Problem auf, welches dann die nächste Stufe auf der Value Ladder abdeckt. Alex Hormozi schreibt dazu, dass jedes Problem eine Lösung hat und jede Lösung neue Probleme hervorbringt. Er bezeichnet das als "Problem-Solution Cycle" (2023, S.32). Unglaublich schön, wie das alles zusammenspielt. Findest du nicht auch?

Wie könnte ein Lead Magnet zu unserem fiktiven Beispiel, der "Virtualisierung von IoT-basierten Maschinen zur Minimierung der Wartungskosten", aussehen? Ich würde bei der kostenlosen Potenzialanalyse bleiben. Es könnte genau das sein, nämlich eine Terminbuchung mit Angabe der Kontaktdaten. Da das aber bereits unglaublich oft eingesetzt wird, ist es für viele Kunden nicht mehr so spannend. Man könnte aber zusätzlich einen "Rechner" einbauen, in den der potenzielle Kunde relevante Daten eingibt und der ihm die ungefähre Kostenersparnis im Hintergrund berechnet. Das Ergebnis könnte per E-Mail zugesendet werden, was die Angabe der Kunden-E-Mail-Adresse rechtfertigen würde. In diese und ähnliche Richtungen sollte es definitiv gehen.

Nachdem du nun einiges über die Value Ladder und Lead Magneten gelesen hast: Wie könnte deine Value Ladder und dein Lead Magnet konkret aussehen?

In Phase 2 hast du dich eingehend mit deinem Kunden beschäftigt. Du hast dir zuerst Gedanken zu möglichen Positionierungen gemacht und hast dann Ängste/Sorgen und Träume/Wünsche der Zielgruppe analysiert. Danach hast du ein Statement formuliert und dir Gedanken zur Value Ladder und zu einem Lead Magneten gemacht. Zusammengefasst kann man sagen, du hast dich in deinen Kunden hineinversetzt. All das ist die Grundlage für die dritte Phase.

Phase 3: Implementierung und Test der Positionierung

Attractive Character

Russell Brunson schreibt in "Dotcom Secrets": "If you want to attract someone, you have to be attractive, and I am not talking about your looks. I am talking about your personality." (2015, S.71). "Menschen kaufen von Menschen!" Kennst du diese Aussage? Ich denke, das ist genau das, was Russell Brunson meint. Der Attractive Character ist ein Konzept, das einen dabei unterstützt, sich selbst als dieser "attraktive" Mensch darzustellen.

Ein Attractive Character besteht aus vier Elementen (Backstory, Parables, Character Flaws und Polarity), aus einer von vier möglichen Identitäten (Leader, Adventurer, Reporter oder Reluctant Hero) und aus einer von sechs möglichen grundlegenden Handlungen deiner Stories (Loss & Redemption, Us vs. Them, Before & After, Amazing Discovery, Secret Telling oder 3rd-Person Testimonial) (2020, S.74 ff.). All diese Aspekte machen einen gewöhnlichen Menschen zu einem Attractive Character - einer Person, der man folgt, die überzeugt, mit der man gerne zusammenarbeiten möchte.

Sehen wir uns diese Aspekte nachfolgend im Detail an:

1. Backstory:

Sie soll dem potenziellen Kunden deutlich machen, dass du genau weißt, wovon du sprichst, weil du es selbst erlebt hast. Kannst du deine gewählte Positionierung in eine persönliche Beziehung bringen? "Mobile-Apps für mehr Wettbewerbsfähigkeit von Maschinenbauunternehmen": Hast du so das Unternehmen deines Onkels durch eine innovative Mobile-App vor dem Untergang bewahrt und ist es deshalb sozusagen deine Mission geworden? Hast du selbst mal bei einem Maschinenbauunternehmen gearbeitet und kennst daher die Sorgen von "innen"? Kannst du sonst irgendwie einen Bezug herstellen?

2. Parables:

Überzeugende Personen besitzen die Fähigkeit, abstrakte Dinge in greifbaren Bildern, Analogien und Stories auszudrücken. Wenn du von "individueller Software", "Backend", "Frontend", "Java", "Angular", etc. sprichst, was aber dein potenzieller Kunde nicht versteht, vergraulst du ihn eher als dass du ihn für dich gewinnst. Du musst die Sprache deiner Kunden sprechen. Du meinst, Fachbegriffe transportieren deine Expertise, doch in Wahrheit sorgst du nur für Verwirrung. Nur: Verwirrte Menschen kaufen nicht! Behalte das stets im Hinterkopf!

3. Character Flaws:

Niemand ist unfehlbar und wenn jemand auch über seine Schwächen und Fehlschläge sprechen kann, macht ihn das nahbar und echt. Das macht ihn sympathisch, menschlich und somit überzeugend. Mit solchen Menschen arbeiten wir gerne zusammen. Du stellst dich dadurch auf dieselbe Stufe, auf der auch deine potenziellen Kunden stehen.

4. Polarity:

Es ist langweilig, neutral zu sein, keine feste Meinung zu haben und nur Durchschnitt zu sein. Je mehr man sich auf die Seite eines Extrems begibt, umso stärker zieht man auch Leute an, die ebenfalls zu diesem Extrem tendieren. Und alle anderen fühlen sich noch mehr abgestoßen. Das ist gut, denn du willst nie mit jedem zusammenarbeiten, sondern immer nur mit ganz bestimmten Menschen. Zu polarisieren erfordert aber Mut, denn man wird dadurch auch öfter mal von Leuten "der anderen Seite" angegriffen. Manchmal auch persönlich. Das ist leider Teil des Spiels.

Diese vier Elemente sind laut Russell Brunson Teil eines Attractive Characters.

Aber das alleine genügt noch nicht. Du musst dir auch Gedanken zu den möglichen Identitäten machen. Wähle aus den nachfolgenden vier Identitäten die aus, die am besten zu dir passt:

1. Leader:

Der Leader führt seine Kunden von einem Zustand zum nächsten. Er hat die gleiche Backstory wie seine Kunden. Der Leader hat typischerweise diesen Zustand bereits erreicht und zeigt nun seinen Kunden, wie auch sie ihn erreichen können.

2. Adventurer:

Der Adventurer ist sehr neugierig und begibt sich auf Reisen, um Antworten zu finden, die er anschließend seinen Kunden bereitstellt.

3. Reporter:

Reporter untersuchen und interviewen andere intensiv und teilen dann wertvolle Erkenntnisse mit ihren Kunden. Sie lernen gemeinsam mit ihren Kunden entlang des Weges.

4. Reluctant Hero:

Der Reluctant Hero mag es nicht, im Rampenlicht zu stehen. Er weiß aber, dass die Erkenntnisse und Erfahrungen, die er gesammelt hat, wertvoll für seine Kunden sind. Er weiß, dass er seine Scheu überwinden und sein Wissen mit seinen Kunden teilen muss.

Wie du merkst, sind das vier völlig unterschiedliche Herangehensweisen. Deine gewählte Identität gibt die Art und Weise vor, aus welcher Sicht du kommunizierst.

Zu guter Letzt sehen wir uns noch die sechs möglichen grundlegenden "Themes" deiner Stories an. Wähle auch hier jenes, das am besten zu dir passt!

1. Loss & Redemption:

Du hast etwas verloren, hast es aber dann wiedergefunden/wieder erreicht. Das ist eine wirkungsvolle Handlungsweise, denn sie zeigt deiner Zielgruppe, dass es leicht möglich ist, das zu erreichen, was man erreichen möchte. Du hast es bereits mehrfach bestätigt. Und das stärkt das Vertrauen in dich, was ja, wie wir wissen, die Basis für gute Zusammenarbeit ist.

2. Us vs. Them:

Hebe in deinen Stories die Eigenschaften von Menschen hervor, mit denen du arbeiten möchtest (us). Sprich auch über Eigenschaften, die Menschen haben, mit denen du nicht arbeiten möchtest (them). So erschaffst du eine klare Grenze, die zu mehr Verbundenheit auf beiden Seiten führt.

3. Before & After:

Das sind Stories über Transformation/Veränderungen. Wo steht dein Kunde vor eurer Zusammenarbeit und wo steht er danach? Und vor allem: Welche persönliche Transformation hat er durch diesen Prozess vollzogen? Welcher Mensch ist er dabei geworden?

4. Amazing Discovery:

Diese Handlungsart fokussiert die täglichen Erkenntnisse, Entdeckungen und Fortschritte und wie sie deinem Kunden beim Erreichen seines Zielzustandes helfen können.

5. Secret Telling:

Welche Geheimnisse kennst du, die du mit deinen Kunden teilen kannst? Was weißt du, was sie noch nicht wissen? Was fehlt ihnen, um erfolgreich zu sein? Diese Art der Handlung von Stories triggert unsere Neugierde, eine starke Emotion.

6. 3rd-Person Testimonial:

Erzähle Stories von bereits erfolgreichen Kunden. Was haben sie gemacht, um erfolgreich zu werden? Das bildet Vertrauen durch Social Proof. Wir haben das bereits eingehend diskutiert.

Zusammengefasst: Deine Backstory, deine Fähigkeit in Bildern und Stories zu sprechen, deine Character Flaws, deine Art und Weise zu polarisieren, deine Identität und die Art der Handlung in deinen Stories kreieren deinen Attractive Character. Dieser ist extrem vorteilhaft, um die richtigen Kunden zu einer entsprechenden Zusammenarbeit zu bewegen. Du fragst dich vielleicht, wo du das einsetzen sollst? Die Antwort: in jeglicher Kommunikation mit Kunden. Und natürlich ganz besonders in der Kommunikation mit potenziellen Kunden. Egal, ob auf Social Media, am Telefon, in persönlichen Gesprächen oder in E-Mail-Konversationen.

Eine dieser Möglichkeiten möchte ich dir noch kurz näher bringen: E-Mail-Marketing.

In Phase 2 haben wir bereits über Lead Magneten gesprochen. Zur Erinnerung: Lead Magneten dienen dazu, ein bestimmtes Problem deiner Zielgruppe zu lösen. Im Gegenzug dafür erhältst du meist keine direkte Bezahlung, aber du erhältst die E-Mail-Adresse deines Kunden und seine Zustimmung, dass du ihn kontaktieren darfst. Das ist eine großartige Sache! Du kontaktierst ihn aber nicht direkt mit deinen Angeboten und mit Aufforderungen zur Zusammenarbeit, sondern du ermöglicht es ihm, dich kennenzulernen. Du "wärmst" ihn auf, langsam und Schritt für Schritt.

Russell Brunson stellt hierzu in "Dotcom Secrets" zwei Konzepte vor: Soap Opera Sequence und Daily Seinfeld E-Mails (2015, S.117 ff.). Du kannst diese Art der Kommunikation mit deinem Kunden nutzen, um dich als Attractive Character zu präsentieren. Du kannst sie nutzen, damit dein potenzieller Kunde Vertrauen zu dir aufbaut. So wird eure Zusammenarbeit wahrscheinlicher. Wie sehen diese Konzepte im Detail aus?

1. Soap Opera Sequence:

Wenn jemand deinen Lead Magneten in Anspruch nimmt, sendest du ihm danach fünf E-Mails über einen Zeitraum von fünf Tagen. Am Tag 1 bildest du die Grundlage. Was ist zu erwarten? Warum soll der Kunde "dranbleiben"? Was hat er davon? Am Tag 2 erzählst du deine Backstory. Erzähl davon, als du an dem Punkt standest, an dem dein Kunde sehr wahrscheinlich jetzt ebenfalls steht. Auf welchen Widerstand/welches Problem bist du gestoßen? Was wolltest du, aber konntest du nicht überwinden? Am Tag 3 sprichst du über deine Offenbarung. Was hat dir die Augen geöffnet? Was hast du gelernt/getan, das dir entscheidend weitergeholfen hat? Wie hast du den Widerstand überwunden? Hier stellst du einen subtilen Bezug zum nächsten Schritt auf deiner Value Ladder her. Am Tag 4 sprichst du über die offensichtlichen, aber auch über die versteckten Vorteile deines nächsten Schrittes auf deiner Value Ladder. Sei hier keinesfalls zu "salesy" oder zu "pushy". Vertrauensaufbau steht nach wie vor im Vordergrund, nicht der Verkaufsabschluss! Am Tag 5 darfst du dann aber schon etwas "aufdrehen". Du versuchst, den potenziellen Kunden zum tatsächlichen Kunden zu machen. Fokussiere hier den Nutzen deines nächsten Schrittes auf deiner Value Ladder für deinen Kunden und nutze Scarcity & Urgency, also die mengenmäßige oder zeitliche Knappheit deines Angebotes. Pass aber unbedingt auf, dass diese Knappheit nicht künstlich wirkt, denn das könnte ins Auge gehen.

2. Daily Seinfeld E-Mails:

Nachdem du die fünf oben beschriebenen E-Mails an potenzielle Kunden versendet hast, wechselst du den Modus. Du sendest nun täglich E-Mails, die aus drei Teilen bestehen: Hook, Story und Offer. "Hook, Story, Offer" ist ebenfalls ein Konzept, das Russell Brunson in "Dotcom Secrets" vorstellt (2015, S.31). Es geht dabei darum, den potenziellen Kunden durch eine gute Überschrift/Betreffzeile zum Weiterlesen/Öffnen der E-Mail zu bewegen. Danach folgt eine überzeugende Story und zum Schluss ein attraktives Angebot/CTA (call to action - eine Aufforderung zu einer bestimmten Handlung). Jede E-Mail ist dabei eigenständig, folgt keiner bestimmten Reihenfolge und kann über eine von drei Dingen sprechen: über deine persönliche Story oder eine Story eines Kunden, über eine Offenbarung oder Erkenntnis oder über etwas Wissenswertes oder Informatives. Ich würde sogar noch eine vierte Möglichkeit hinzufügen: Ängste/Sorgen und Träume/Wünsche deiner Zielgruppe. Glücklicherweise haben wir uns darüber schon intensiv Gedanken gemacht!

Ich hoffe, du hast nun ein Gefühl dafür entwickelt, was ein Attractive Character ist, warum er so wichtig ist und wie du ihn verwenden kannst. Die Soap Opera Sequence und Daily Seinfeld E-Mails sind dafür aber bei Weitem nicht die einzigen Möglichkeiten, um ihn einzusetzen.

Landingpage

Da man seine ideale Positionierung nur durch Rückmeldung/Feedback "finden" kann, stellt sich die Frage, wie man das am besten bewerkstelligt: Baut man direkt seine Website um? Und wenn die gewählte Positionierung dann doch nicht so klappt, baut man sie dann erneut um? Nein! Unter anderem auch deshalb nicht, weil ich auch immer wieder überraschenderweise feststelle, dass viele Unternehmer ein sehr "emotionales" Verhältnis zu ihrer Website haben. Änderungen wollen sie meist nur schweren Herzens umsetzen. Ich denke, sie nehmen irrtümlicherweise an, dass sie viel mehr Besucher haben als es tatsächlich sind. Sie denken, da die Website öffentlich zugänglich ist, wird sie auch häufig besucht. Das hindert sie dann daran, notwendige Änderungen vorzunehmen. Was sollen die anderen denken, wenn ich ständig etwas ändere? Lässt mich das nicht als unprofessionell erscheinen? Als wüsste ich nicht, was ich tue? Wir haben das bereits als einen der limitierenden Denkmuster im vorherigen Kapitel diskutiert (Kategorie 5 - Meine Positionierung ist fix).

Wie macht man es aber sonst?

Mit einer separaten Landingpage. Eine Landingpage ist auch eine Website. aber mit einer eigenen URL. Sie ist viel "schlanker" als eine klassische Unternehmens-Website, hat keine Unterseiten und spricht nur über ein Problem und eine Lösung dazu.

Donald Miller stellt in "Building A Story Brand" (2017, S.20) eine Abfolge bestehend aus sieben aufeinanderfolgenden Schritten vor, die in vielen erfolgreichen Filmen und Serien immer wieder verwendet wird:

Ein Charakter

(1.) will etwas erreichen,

(2.) hat dabei aber ein Problem.

(3.) Er trifft auf einen Guide,

(4.) welcher ihm einen Plan zur Lösung bietet

(5.) und ihn zum Handeln auffordert.

(6.) Durch die Hilfe des Guides und dessen Plan vermeidet der Charakter einen katastrophalen Fehlschlag

(7.) und erreicht den Erfolg, den er sich erwünscht hat.

Warum wir nun plötzlich über Filme und Serien sprechen? Weil Donald Miller auch schreibt, dass erfolgreiche Unternehmen ebenso auf diesen Ablauf zurückgreifen. Ihr Kunde ist der Held, der etwas erreichen will, dabei aber ein Problem hat. Sie selbst präsentieren sich als der erfahrene Guide, der eine Lösung/einen Plan für dieses Problem hat und der den Helden zum Handeln auffordert. So erreicht der Kunde das, was er erreichen möchte, und vermeidet das, was er befürchtet. Und wenn erfolgreiche Unternehmen einen solchen Ablauf einhalten, sollten wir das unbedingt auch tun, oder?

Was heißt das für die ideale Landingpage? Dein Kunde ist der Held, nicht du. Das machen die allermeisten falsch. Sie präsentieren sich selbst voller Stolz und zeigen, wie gut sie sind. Ganz zu Beginn, doch das ist zu früh. Viel zu früh. Du bist der Guide, der Attraktive Character, der dem Kunden dabei hilft, das zu erreichen, was er erreichen möchte. Und du hilfst ihm auch, das zu vermeiden, was er vermeiden möchte. Merkst du schon, wie hilfreich hier die Träume/Wünsche und Ängste/Sorgen aus der vorherigen Phase sind?

Konkret: Die Hero-Section der Landingpage (= above the fold) sollte den potenziellen Kunden, dessen Ziel und dessen Problem ansprechen. Noch bevor man scrollt, sollten diese drei Dinge unmissverständlich und mit geringem kognitiven Aufwand klar werden. Als Nächstes werden die Ängste/Sorgen und unmittelbar danach die Träume/Wünsche angesprochen. Erst dann kommt das Unternehmen und dessen konkreter Plan zur Lösung des Problems ins Spiel. Zu guter Letzt rundet vorhandener Social Proof die Landingpage ab.

Für unser fiktives Beispiel könnte die Landingpage wie folgt aufgebaut sein:

1. Section I:
   a. Headline: Als Maschinenhersteller hast du Sorge, den digitalen Wandel zu verpassen? (inkl. Bild einer besorgten Führungskraft in einer Fertigungshalle als Full-Screen Hintergrund)
   b. Sub-Headline: Für Maschinenhersteller - geringere Wartungskosten im Betrieb - durch die Virtualisierung von IoT-basierten Maschinen
   c. Button Text des CTA (idealerweise ein Link zu deinem Lead Magnet): Berechnung Einsparpotenzial - Wie viel könnten wir einsparen?
2. Section II:
   a. Headline: Diese Punkte machen dir Sorgen?
      i. Disruption durch neue Geschäftsmodelle
      ii. Verpassen des digitalen Wandels
      iii. Komplexität der Implementierung digitaler Lösungen
      iv. Hoher Innovationsdruck und hohe Entwicklungskosten
      v. Schwierigkeit bei der Kommerzialisierung von Innovationen
      vi. Risiken bei Investitionen in vielleicht noch nicht ausgereifte Technologien

3. Section III:
    a. Headline: Das würdest du gerne erreichen?
        i. Etablierung neuer, innovativer Geschäftsmodelle
        ii. Technologischer Vorsprung gegenüber der Konkurrenz
        iii. Vorreiter im Bereich Industrie 4.0 und Digitalisierung
        iv. Vollständige Vernetzung der Produktion und Produkte (IoT)
        v. Effektive Nutzung von KI und Big Data für Optimierung
        vi. Sicherung und Ausbau des Fachkräftepools
4. Section IV:
    a. Headline: Dein Experte für die Virtualisierung von IoT-basierten Maschinen
    b. Über dich (Attractive Character)
    c. Deine Vorgehensweise (Proven Process)
        i. Evaluierung des Einsparpotenzials
        ii. Anforderungsanalyse und Konzeption
        iii. Agile Implementierung
        iv. Test und Optimierung
        v. Live-Betrieb und Wartung
    d. Button Text des CTA: Berechnung Einsparpotenzial - Wie viel könnten wir einsparen?
5. Section V:
    a. Social Proof (Reviews, Testimonials, Case Studies oder Kundenlogos)
    b. Button Text des CTA: Berechnung Einsparpotenzial - Wie viel könnten wir einsparen?
6. Section VI:
    a. Kontaktdaten mit Foto der Ansprechperson

So oder so ähnlich könnte eine Landingpage aussehen, die die sieben Schritte berücksichtigt, die Donald Miller beschreibt. Wenn du Gespräche mit potenziellen Kunden führst, nennst du ihnen am Ende einer Konversation nicht deine normale Unternehmenswebsite als Quelle für mehr Information, sondern diese neue Landingpage. Durch Rückmeldungen aus den Gesprächen/Konversationen und Interaktionen mit der Landingpage oder eben dem Ausbleiben dieser, kannst du dann ableiten, wie gut deine neue Positionierung ankommt oder eben nicht. Das sollte man aber nicht sofort bewerten! Eine finale Beurteilung sollte erst nach ein paar Wochen/Monaten getroffen werden.

Ich frage mich gerade, bist du eigentlich noch hier oder baust du schon deine neue Landingpage?

Exkurs: Behavioral Economic Basics

Angebote, Aufforderungen zu bestimmten Handlungen und Texte im Allgemeinen können unter Berücksichtigung von Effekten aus der menschlichen Verhaltens-/Entscheidungspsychologie gravierend verbessert werden. Das ist im Besonderen wichtig, wenn es um die Kommunikation der Positionierung und damit die Beeinflussung der Zielgruppe geht. Nachfolgend möchte ich dir 12 dieser Effekte vorstellen, die entscheidenden Einfluss auf deinen Erfolg haben. Ein paar davon haben wir bereits kurz angesprochen.

1. Loss Aversion beschreibt den Umstand, dass wir es viel lieber vermeiden, Dinge zu verlieren, die wir bereits haben, als dass es uns wichtig ist, neue Dinge zu bekommen. Wir haben das schon kurz im vorherigen Kapitel angeschnitten (Kategorie 5 - Spitze Positionierung kostet Umsatz). Das kannst du aktiv in deinem Marketing/Messaging verwenden, zum Beispiel, indem du "Sichere deine Marktführerschaft!" anstatt "Erlange endlich Marktführerschaft!" schreibst.

2. Priming beschreibt das Vorgehen, Dinge durch andere unbewusste Dinge in Szene zu setzen. Zum Beispiel durch Farben, die das ausdrücken, was man ausdrücken möchte. Blau steht in unseren Breitengraden beispielsweise für Vertrauen, Sicherheit und Wohlstand. Französische Musik lässt Kunden eines Weingeschäftes mehr französischen Wein kaufen.

3. Framing beschreibt, wie man Dinge in Szene setzen kann. Diesmal aber nicht unbewusst, sondern völlig bewusst. Zum Beispiel dadurch, wie man etwas bezeichnet. Eine Potenzialanalyse ist etwas anderes als ein Kennenlernen. Es kann am Ende die selbe Arbeit geliefert werden, dennoch ist die Erwartung zu Beginn eine andere und damit ist auch das wahrgenommene Ergebnis auf Seite des Kunden ein anderes.

4. Der Preis bestimmt die wahrgenommene Qualität. Dieselbe Sache wird mit einem höheren Preis als hochwertiger wahrgenommen als mit einem niedrigeren. Wenn wir es nicht besser wissen, verwenden wir den Preis als Qualitätsmerkmal.

Erhöhe also einfach deine Preise, wenn du die Wahrnehmung der Qualität deiner Dienstleistung erhöhen möchtest!

5. Scarcity & Urgency sind Phänomene, die beschreiben, dass wir Dinge mehr wertschätzen, die knapp sind. Scarcity beschreibt dabei die mengenmäßige Knappheit, wohingegen Urgency die zeitliche Dringlichkeit bezeichnet. Du kennst das vom Supermarkt: "Nur noch 3 Stück vorhanden!" oder "Angebot nur noch heute gültig!" Auch FOMO (fear of missing out) - die Angst, etwas zu verpassen - und Social Proof spielen hier eine Rolle.

6. Anchoring nutzt den Umstand, dass wir Dinge nie absolut, sondern immer relativ bewerten. Wenn du beispielsweise zuerst eine hohe Zahl hörst und danach eine niedrigere, erscheint dir die kleinere nicht mehr so hoch. Sie erscheint dir als klein. Umgekehrt geht das natürlich genauso. Auch das kennst du zum Beispiel vom Supermarkt: "Statt 15€ jetzt nur 10€!" Du könntest das auch bei deinem Pricing anwenden: "Normalerweise verlangen wir dafür ca. 15.000€, aber weil wir gerade eine weitere Case Study aufbauen wollen, setzen wir das Projekt um 10.000€ für Sie um". Dieser Effekt tritt nicht nur bei Zahlen auf, sondern ist bei jeglicher Art von Forderung präsent. Man bezeichnet es dann als "Door-in-the-face" Technik. Möchte man diese Technik nutzen, fordert man zuerst sehr viel, holt sich dafür ein "Nein" ab und fordert dann deutlich weniger. So erscheint die zweite Forderung relativ gesehen als sehr viel geringer und hat damit eine wesentlich höhere Wahrscheinlichkeit, akzeptiert zu werden.

7. Reciprocity haben wir in diesem Kapitel in Phase 2 beim Thema "Value Ladder und Lead Magnet" kurz diskutiert. Wenn uns jemand etwas gibt/etwas für uns tut, fühlen wir uns verpflichtet, ihm etwas zurückzugeben/auch etwas für ihn zu tun. Meist überkompensieren wir beim Zurückgeben sogar noch. So erhält derjenige nicht nur etwas zurück, sondern tatsächlich mehr als er zuerst gegeben hat. Du kannst diesen Effekt nutzen, indem du einen wertvollen Lead Magneten anbietest oder deine Dienste in kleinem Umfang kostenlos zur Verfügung stellst.

8. Authority bedeutet in diesem Zusammenhang, dass wir dazu tendieren, uns auf Autoritäten zu verlassen und ihnen zu vertrauen. Bildung, Wissen, Erfahrung, Jobtitel, etc. stützen diese Autoritäten. Wenn du dich als "Experte für die Virtualisierung von IoT-basierten Maschinen" bezeichnest, bist du eine solche Autorität. Mit der Positionierung als Experte nützt du Wissen und Erfahrung als Stütze. Auch das haben wir in Phase 2 beim Thema "Value Ladder und Lead Magnet" behandelt.

9. Social Proof beschreibt den Umstand, dass wir tun, was andere tun/getan haben. Wir machen das, weil wir denken, dass "viele" nicht irren können. Wir verwenden das als mentale Abkürzung, damit wir uns die Arbeit ersparen, uns ein eigenes Bild machen zu müssen. Du kannst das nutzen, indem du - wie auch schon in "Value Ladder und Lead Magnet" besprochen - Reviews, Testimonials, Case Studies und Kundenlogos einsetzt - entweder in Gesprächen, auf deiner Website oder in weiterem Marketingmaterial.

10. Der Endowment Effect beschreibt, dass wir Dingen, die wir besitzen, mehr Wert beimessen als Dingen, die wir nicht besitzen. Weiters wird ein potenzieller Verlust als schmerzhafter angesehen als der Gewinn einer gleichwertigen Sache. Wie du vielleicht merkst, spielt hier auch Loss Aversion (1.) eine Rolle. Du kannst das nutzen, indem du schreibst: "Bleibe trotz unsicherer Zeiten Marktführer, indem du den digitalen Wandel nicht verpasst".

11. Der Decoy Effect kann genutzt werden, um die Attraktivität eines bestimmten Angebots/einer bestimmten Option zu erhöhen. Wenn du zwei verschiedene Intensitätsstufen eines Workshops anbietest, kannst du durch Hinzufügen einer dritten, sehr teuren, aber nur geringfügig bessere Option, die Erfolgswahrscheinlichkeit der mittleren (vorher zweiten) Option drastisch erhöhen. Relativ gesehen ist der mittlere Workshop dann nicht mehr so teuer, wenn man ihn mit dem dritten vergleicht.

Noch etwas: Wenn Menschen unsicher sind, tendieren sie dazu, bei drei Optionen die mittlere zu wählen. Sie denken oft, dass die günstigere Option qualitativ minderwertig, die teurere Option viel zu teuer für sie sei. So entscheiden sie sich für die mittlere Option. Konkret könntest du das wie folgt umsetzen: Remote Workshop um 500 €, In-Person Workshop um 1.500 € und In-Person Workshop mit Business-Lunch um 4.000 €. Wenn du nicht unbedingt 2.500 € für ein Mittagessen bezahlen möchtest, wählst du vermutlich die mittlere Option. Sie erscheint dir als die beste!

12. Der Default Effect beschreibt, dass Menschen zu den Voreinstellungen tendieren. Wie viele deiner Einstellungen auf deinem Smartphone hast du tatsächlich angepasst? Wir akzeptieren oft einfach das, was uns vorgeschlagen wird. Gerade dann, wenn es mehr mentale Energie erfordert, sich durch die einzelnen Optionen durchzuarbeiten. Auch das kannst du nutzen, indem du deinem Kunden eine Vorgehensweise vorschlägst und ihm nicht zu unzähligen Schritten unzählige Optionen anbietest. Wenn wir schon bei diesem Thema sind: Viele Optionen verringern unsere Entscheidungsfreude (choice overload).

Leadgenerierung

Wofür hast du nun eine neue Landingpage gebaut und diese nach Berücksichtigung der 12 Behavioral Economic Basics noch überzeugender gemacht? Damit du potenzielle Kunden, sogenannte Leads, darauf verweisen kannst, wenn sie mehr erfahren möchten.

Wir haben den Begriff "Lead" schon öfter verwendet. Viele verwenden ihn auch tagtäglich, doch was genau bedeutet Lead? Alex Hormozi definiert den Begriff in "$100M Leads" wie folgt: "A lead is a person you can contact." (2023, S.26). Für ihn sind aber "Engaged Leads" das wahre Ziel: "People who show interest in the stuff you sell." (2023, S.26).

Alex Hormozi schreibt in "$100M Leads" weiters, dass es insgesamt vier Möglichkeiten gibt, wie man selbst Leads generieren kann:

- Warm Outreach (Leute kontaktieren, die du kennst),
- Cold Outreach (Leute kontaktieren, die du nicht kennst),
- Posting Content (Inhalte erstellen und veröffentlichen) und
- Paid Ads (Werbeanzeigen schalten) (2023, S.49).

Vergiss bitte nicht, deine gewählte Positionierung ist bis hierher noch eine reine Annahme. Natürlich stützt sie sich auf etwas und ist nicht völlig aus der Luft gegriffen, dennoch gilt es, sie zu testen, bevor wir mit ihr "all-in" gehen. Du kannst die vier oben genannten Möglichkeiten nutzen, um das Interesse an deiner Positionierung zu testen, indem du versuchst, Leads zu generieren. Engaged Leads im Idealfall. Wie? Kontaktiere dazu Leute, die dich kennen, sowie Leute, die dich nicht kennen! Erstelle und veröffentliche Inhalte und schalte Werbeanzeigen! Wenn du genügend Ressourcen hast, kannst du alles gleichzeitig machen. Alex Hormozi empfiehlt aber, mit nur einer der vier Möglichkeiten zu starten. Leute zu kontaktieren, die dich kennen oder nicht kennen, ist die aufwändigste Möglichkeit, gleichzeitig aber auch eine kostenlose, die dir schnelles Feedback liefert. Inhalte zu erstellen und zu veröffentlichen, ist zwar auch meist kostenlos, es dauert aber länger, entsprechendes Feedback zu erhalten. Beim Schalten von Werbeanzeigen bekommt man rasches Feedback, jedoch kostet diese Möglichkeit teils richtig viel Geld. Welche dieser Möglichkeiten passt am besten zu deiner aktuellen Situation? Welche spricht dich am meisten an?

Egal, für welche der vier Möglichkeiten du dich entscheidest, du musst als Erstes immer die Aufmerksamkeit der Leute bekommen, sonst kannst du ihnen nichts mitteilen. Dann musst du ihnen etwas Interessantes/Fesselndes, eine Story erzählen. Das ist auch der Teil, bei dem du deinen Attractive Character einsetzen kannst. Zu guter Letzt musst du den Leuten ein Angebot machen. Das Angebot muss nicht immer im klassischen Sinne sein - "Kaufe meine Sache" - es kann auch eine Aufforderung sein, etwas Bestimmtes zu tun, sprich ein CTA. Das kann eine Aufforderung zum Besuch der Website, zur Inanspruchnahme deines Lead Magneten, etc. sein. Russell Brunson hat dazu in "Dotcom Secrets" das bereits erwähnte 3-Step-Framework vorgestellt: "Hook, Story, Offer" (2015, S.31).

Fällt es dir leicht, Engaged Leads zu generieren, dann scheinst du ein Problem angesprochen zu haben, das tatsächlich existiert und welches die Zielgruppe auch gelöst haben möchte. Nimmt deine Zielgruppe deinen Lead Magneten in Anspruch? Möchte sie Gespräche mit dir führen? Verweilt sie überdurchschnittlich lange auf deiner neuen Landingpage? Öffnet und liest sie deine E-Mails? Dann bist du auf einem sehr guten Weg. Schaffst du das allerdings auch nach längerer Zeit nicht, stimmt vermutlich etwas an deiner Positionierung oder an der Formulierung dieser nicht. Du musst dann an den drei Stellschrauben drehen: Was, Wer und Warum. Dazu aber später noch etwas mehr.

Social Media

Soziale Netzwerke sind ein wunderbarer Ort, um alle vier der vorgestellten Möglichkeiten (Warm Outreach, Cold Outreach, Content und Paid Ads) einzusetzen. Du kannst auf nahezu allen gängigen Plattformen Leute, die dich kennen und Leute, die dich nicht kennen, kontaktieren. Du kannst deinen Content veröffentlichen und du kannst Paid Ads schalten. Wie bereits diskutiert, empfiehlt Alex Hormozi, sich zu Beginn auf nur eine der vier Möglichkeiten zu konzentrieren und diese zu meistern, bevor eine weitere in Angriff genommen wird.

Social Media ist aber nicht nur ein Ort, an dem die vier Möglichkeiten zur Leadgenerierung eingesetzt werden können. Es ist auch ein Ort, an dem man sich präsentiert, nämlich mit seinem Profil. Dein Profil dient unter anderem dazu, deine Positionierung zu transportieren. Wenn jemand dein Profil besucht, sollten zwei

Fragen sofort beantwortet werden: Wer bist du und was machst du? Je nach Plattform hast du dafür mehrere oder wenigere Möglichkeiten. Auf LinkedIn, einem B2B Social Network, kannst du dich sehr umfassend präsentieren: Deinen Werdegang, deine Erfahrungen, deine Kenntnisse, deine Angebote, deinen Über-Mich-Bereich, dein Banner-Bild und noch vieles mehr. Auf Instagram, einem sehr visuellen sozialen Netzwerk, hast du nicht so viele Möglichkeiten. Dort kannst du zu deinem Profil nur eine Kurzbiografie veröffentlichen.

Welche Plattform du nutzt, hängt natürlich in erster Linie davon ab, wo sich deine Zielgruppe befindet. Die meisten Menschen sind zwar auf mehreren Plattformen aktiv, aber auf jeder dieser Plattformen haben sie eine andere Absicht/Erwartung. Es gilt, diese Absicht/Erwartung zu erfüllen und sie nicht zu ignorieren oder gar zu verletzen. Wenn du beispielsweise C-Level Entscheidungsträger in mittleren Unternehmen im Alter von 40-60 Jahren ansprechen möchtest, wäre eher Facebook oder LinkedIn eine gute Wahl. TikTok zu nutzen wäre eher keine so gute Idee, weil die Plattform vor allem von Teenagern verwendet wird.

Soziale Netzwerke entwickeln sich jedoch rasant. Viele kommen und gehen, daher musst du dir laufend intensive Gedanken zu deiner Zielgruppe und deren Absichten/Erwartungen beim Nutzen von bestimmten sozialen Netzwerken machen. Warum sind deine potenziellen Kunden auf ausgerechnet dieser Plattform aktiv? Wollen sie unterhalten werden oder suchen sie Informationen? Was möchten sie erreichen? Was erwarten sie? Wenn du diese Fragen beantwortet hast, wähle und nutze die entsprechende Plattform für dich und dein Business.

SPIN® Selling

Neil Rackham hat 1988 die SPIN® Selling Methode (basierend auf intensiver Analyse von über 35.000 Sales-Calls) entwickelt. Es ist eine angenehme Art zu verkaufen - und zwar für beide Seiten - und sie eignet sich gut für komplexe und höherpreisige Produkte und Dienstleistungen, weil sie eher einen beratenden als einen aggressiven, verkaufenden Ansatz verfolgt.

SPIN® Selling ist ein Akronym für vier aufeinanderfolgende Frageblöcke:

S (Situation Questions): Das Ziel der ersten paar Fragen ist es, Informationen über die aktuelle Situation zu sammeln, um ein ausreichend klares Bild und Verständnis für den Kontext des potenziellen Kunden zu bekommen.

P (Problem Questions): Als Nächstes leitet man zu Fragen über, die auf die aktuellen Herausforderungen und Probleme abzielen, die den potenziellen Kunden beschäftigen. Sie zielen auch darauf ab, die Schmerzpunkte und Bedürfnisse anzusprechen, die das Produkt/die Dienstleistung lösen und befriedigen sollte.

I (Implication Questions): Der dritte Fragenblock hat zum Ziel, dem potenziellen Kunden klarzumachen, welche Auswirkungen und welchen Einfluss ein Fortbestehen der identifizierten Herausforderungen/Probleme haben könnte. Weiters soll er dazu dienen, die Dringlichkeit zur Lösung der Herausforderungen/Probleme zu erhöhen.

N (Need-Payoff Questions): Die Fragen zum Schluss sollen dazu dienen, die Vorteile und den Wert der Lösung der Herausforderungen/Probleme zu fokussieren. Sie sollten so gestaltet sein, dass der potenzielle Kunde das Gefühl, welches er erlebt, wenn seine Herausforderungen/Probleme gelöst sind, selbst artikuliert.

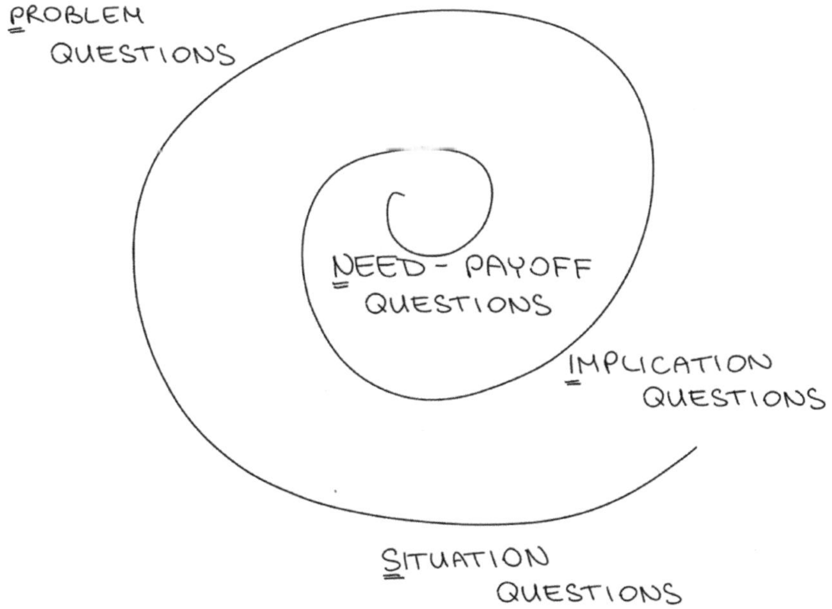

Diese strukturierte Methode, um zu verkaufen ist kundenzentriert, baut Vertrauen und Verbindung auf, deckt wahre Bedürfnisse ab, unterstreicht Dringlichkeit, reduziert Einwände und ermöglicht es, dass sich der Kunde selbst überzeugt.

Lass uns das anhand unseres fiktiven Beispiels "Virtualisierung von IoT-basierten Maschinen zur Minimierung der Wartungskosten" in einem Gespräch zwischen Dienstleister und potenziellen Kunden durchspielen:

S (Situation Questions): Wie hoch sind Ihre jährlichen Wartungskosten? Nutzen Sie bereits Software, um diese zu senken? Wie sieht das beim Mitbewerb aus?

P (Problem Questions): Wie reagieren Sie auf den digitalen Wandel? Wie innovativ würden Sie Ihr Unternehmen einschätzen? Haben Sie selbst das Know-How und die Kompetenz, neue Technologien zu evaluieren, um sie dann entsprechend einzusetzen?

I (Implication Questions): Was würde passieren, wenn Sie den digitalen Wandel verpassen? Was würde passieren, wenn Ihre Wartungskosten im Vergleich zum Mitbewerb wesentlich höher sind, weil Sie sich nicht die Vorteile des Einsatzes entsprechender Software zu Nutze machen? Wie lang denken Sie, können Sie es sich noch leisten, abzuwarten und zuzusehen, anstatt vielleicht selbst den Ton anzugeben?

N (Need-Payoff Questions): Was würde passieren, wenn Sie den digitalen Wandel frühzeitig für sich nutzen würden? Was würde das für den Vergleich mit dem Mitbewerb bedeuten, wenn Sie die Wartungskosten durch den Einsatz von Software drastisch reduzieren könnten? Wie würde man Ihr Unternehmen dann am Markt wahrnehmen?

So könnten bestimmte Fragen formuliert sein, die sich des SPIN® Sellings bedienen. Wenn du ein Gespräch mit einem potenziellen Kunden auf dieser Basis führen würdest, würdest du dich dann als klassischer Verkäufer fühlen, dem nur der Vertragsabschluss wichtig ist oder würdest du dich eher als neugieriger, kompetenter Berater fühlen, dem der potenzielle Kunde wirklich am Herzen liegt? Und genau dasselbe Gefühl entsteht auch auf Kundenseite. So kann Vertrauen und Verbindung entstehen, die Grundlagen für eine erfolgreiche Zusammenarbeit.

Exkurs: Persuasion Booster

Ich möchte dir nachfolgend acht Methoden vorstellen, die deine Überzeugungsfähigkeit beziehungsweise deinen Einfluss auf andere massiv steigern. Diese Booster erlauben es deiner Zielgruppe, sich in einer viel intensiveren Art und Weise mit dir zu "verbinden". Auch hier geht es darum, dass sie Vertrauen zu dir aufbauen, damit eine entsprechende Zusammenarbeit gelingt.

1. The Expert/Guide:

"Authority" ist nach Robert B. Cialdini in "Influence" (1984) einer der sieben Faktoren, die dabei helfen, andere zu beeinflussen. Die anderen sechs sind: Reciprocation, Liking, Social Proof, Scarcity, Commitment & Consistency und Unity. Ich denke, man kann sagen, ein Experte zu sein bedeutet auch, eine Autorität zu sein. Das heißt, Menschen vertrauen Experten. Russell Brunson hat ein ganzes Buch zu diesem Thema geschrieben: "Expert Secrets" (2017). Er meint darin, man müsse zuerst selbst wachsen, persönlich wie fachlich, bevor man etwas beitragen kann, bevor man anderen helfen kann. Seiner Meinung nach haben Experten eine Story, ein Ziel (Strategie), einen Plan (Taktik) und sind gestützt durch Social Proof/Success Stories. Im Kapitel "Landingpage" haben wir über diesen Experten/Guide gesprochen, der mit seinem Plan und seiner Erfahrung dem Helden (= Kunden) beim Erreichen seiner Ziele hilft.

Bei unserem fiktiven Beispiel "Virtualisierung von IoT-basierten Maschinen zur Minimierung der Wartungskosten" würde das schon ganz automatisch durch die spitze und klare Positionierung erfolgen. Eine Software-Agentur, die sich darauf spezialisiert hat, ist ganz automatisch wahrgenommener Experte in diesem Bereich und dadurch wesentlich überzeugender und vertrauensvoller als jemand, der "Individuelle Softwareentwicklung für Unternehmen" anbietet.

Welche Positionierung nutzt du, um als Experte und Autorität wahrgenommen zu werden?

2. New Opportunity:

Russell Brunson unterteilt Angebote in zwei grundsätzliche Kategorien: "Improvement Offers" und "New Vehicle Offers" (Expert Secrets, S.77 ff., 2017). Er meint, dass Menschen meist nicht von Improvement Offers angezogen werden, sondern dass New Vehicle Offers wesentlich überzeugender für sie sind. Man könnte sagen, dass Improvement Offers Angebote sind, die vergleichbar sind. Etwas ist wie etwas anderes, nur etwas besser, billiger, schöner, etc. New Vehicle Offers hingegen sind einzigartig, "one of a kind" und daher wenig bis nicht mit anderen Angeboten vergleichbar. Da Neugierde eine grundlegende Emotion von Menschen ist, funktionieren New Vehicle Offers sehr gut. Aber sie haben auch eine Schwäche: Man muss Menschen erst darüber aufklären beziehungsweise erklären, was das ist/was sie dadurch erreichen können. Hier spielen auch die bereits diskutierten fünf Awareness-Stufen eine Rolle.

Ein allgemeines Beispiel zur Veranschaulichung: Jemand möchte von A nach B und denkt daran, mit dem Auto zu fahren. Dann kannst du ihm ein besseres, schnelleres oder schöneres Auto dafür anbieten. Das wäre ein Improvement Offer. Wenn du ihm aber stattdessen anbietest, die Strecke von A nach B mit dem Flugzeug zurückzulegen, wäre das - im wahrsten Sinne des Wortes - ein New Vehicle Offer.

Für unser fiktives Beispiel würde das bedeuten, von "Virtualisierung von IoT-basierten Maschinen" als New Vehicle zu sprechen, um beispielsweise Unternehmenswachstum, Stabilität, etc. zu erreichen. An dieses Vehikel hat der Kunde vielleicht noch nicht gedacht, um dieses übergeordnete Ziel zu erreichen. Daher ist es neu und interessant für ihn. Aber du musst ihm vielleicht auch erst erklären, dass er es damit erreichen kann.

Welches "New Vehicle Offer" kannst du deinen Kunden anbieten?

3. Future-Based Cause:

Warum machen wir eigentlich, was wir machen? Weil wir ein Ziel haben. Weil wir in Zukunft etwas erreichen wollen. Unser grundlegendes Streben nach Wachstum liegt in der Natur des Menschen. Was genau aber Wachstum im Einzelnen bedeutet, ist individuell. Russell Brunson schreibt in "Expert Secrets" (2017, S.125), dass die erfolgreichsten U.S. Präsidentschaftskandidaten immer eher von einem Future-Based Cause als von der Gegenwart und vom Status Quo gesprochen haben. Zum Beispiel bei der Wahl 2016: Hillary Clinton vs. Donald Trump - "Stronger Together" vs. "Make America Great Again!" Du weißt, wer das Rennen gemacht hat und vermutlich kennst du auch den Slogan von Donald Trump. Kennst du auch den von Hillary Clinton? Es ist sehr überzeugend und zugleich auch vereinend, ein erstrebenswertes Ziel in der Zukunft zu verfolgen. Das schafft Vertrauen.

Bei unserem fiktiven Beispiel "Virtualisierung von IoT-basierten Maschinen zur Minimierung der Wartungskosten" könnte das bedeuten, von "Marktführerschaft" zu sprechen. Das wäre ein auf unternehmerischer Ebene anzustrebendes Ziel. Aber warum will der Kunde das letztendlich erreichen? Vielleicht, um ein stolzer CEO zu sein? Um Status zu erleben? Um bewundert zu werden? Das wären auf jeden Fall persönlich anzustrebende Ziele.

Welchen "Future-Based Cause" kannst und willst du initiieren?

4. Common Enemy:

Russell Brunson schreibt in "Expert Secrets" (2017, S.46): "Nothing bonds people like having a common enemy." Das heißt, ein gemeinsames Feindbild zu haben vereint Menschen. Das steht in direktem Zusammenhang mit "Us vs. Them" als eine der grundlegenden Handlungen deiner Stories deines Attractive Characters. Erinnerst du dich?

Wieder bemühen wir unser fiktives Beispiel "Virtualisierung von IoT-basierten Maschinen zur Minimierung der Wartungskosten": Was könnte das Feindbild sein, dass wir hier verwenden? Vielleicht sind es Software-Agenturen, die keine Ahnung von Maschinenherstellern haben? Software-Agenturen, die nach Stunden abrechnen und die in Wahrheit gar nicht wollen, dass Projekte jemals abgeschlossen werden?

Welches gemeinsame Feindbild möchtest du nutzen?

5. The One Sentence Persuasion Course:

"People will do anything for those who encourage their dreams, justify their failures, allay their fears, confirm their suspicions, and help them throw rocks at their enemies." In "The One Sentence Persuasion Course" (2013) schreibt Blair Warren davon, dass Menschen anderen Menschen vertrauen, die sie bei der Verwirklichung ihrer Träume unterstützen, die ihre Fehlschläge legitimieren/rechtfertigen, die ihre Ängste reduzieren/lindern, die ihren Verdacht bestätigen und die ihnen dabei helfen, ein Feindbild zu besiegen. Ich bin auf diesen Satz in Russell Brunson's "Expert Secrets" (2017, S.43) aufmerksam geworden.

Für unser fiktives Beispiel würde das bedeuten, dass du in deiner Kommunikation aufgreifst, was deine Zielgruppe erreichen möchte (z.B. innovativ sein), was sie fürchtet (z.B. Geld verlieren), wobei sie gescheitert ist und dass das nicht ihre Schuld ist (z.B. Zusammenarbeit mit unfähigen Partnern), dass nur Spezialisten/Experten ihnen helfen können (z.B. du mit deiner gut positionierten Software-Agentur) und dass du auf ihrer Seite stehst (z.B. dass du Festpreisangebote machst oder Garantien abgibst und nicht bloß nach Stunden abrechnest).

Nutzt du Ziele, Ängste und Fehlschläge deiner Kunden in deiner Kommunikation?

6. Personal Transformation:

Im Marketing sagt man gerne, Menschen kaufen keine Features, sie kaufen Benefits, also Nutzen/Vorteile. Sie tun das, um letztlich ihren eigenen Status zu erhöhen. "Humans are primarily status driven" ("$100M Leads", 2023, S.142). Russell Brunson hat in einer Folge seines Podcasts "The Russell Brunson Show" einmal gesagt, dass Menschen auch keine Benefits kaufen, sondern sie in Wahrheit am Ende persönliche Transformation kaufen, beziehungsweise diese anstreben/erreichen möchten. Er meint, sie wollen eine neue, vielleicht auch zusätzliche Identität haben. Identität und Status sind die mächtigsten Werkzeuge, wenn es um Überzeugung/Beeinflussung von Menschen geht. Wenn ich davon überzeugt bin, dass ich Sportler bin und das mir das Ansehen verleiht, dann werde ich auch jeden Tag Sport betreiben. Komme, was wolle! Das heißt, die Identität (= Sportler) führt zu den entsprechenden Handlungen (= laufen, radfahren, etc.). Der Status (= Bewunderung anderer) resultiert dann daraus.

Wenn wir uns wieder unser fiktives Beispiel ansehen, könnte das bedeuten, dass du deinem Kunden zur Identität des Innovation Leaders verhilfst.

Für welche Transformation/neue Identität sorgst du durch eine Zusammenarbeit?

7. Storytelling:

Mir fällt auf, dass mehr und mehr Leute davon sprechen, wie wichtig Storytelling ist und es in Zukunft noch werden wird. Gerade dann, wenn man Unternehmer ist und andere beeinflussen, überzeugen und für sich gewinnen möchte. Im Februar 2025 war ich in Las Vegas auf "Funnel Hacking Live 10" und habe dort gehört: "Storytelling is the number one skill in business."

Warum? Wir Menschen gaben Informationen schon für sehr lange Zeit - für Tausende von Jahren - in Form von Geschichten weiter. Unser Gehirn merkt und erinnert sich an Geschichten daher wesentlich besser als an reine Fakten. In "The Science Of Storytelling" schreibt Will Storr: "It [the brain] is a story processor, not a logic processor." (2019, S.3). Das heißt, Geschichten überzeugen uns und nicht Logik. Geschichten machen uns selbst auch menschlicher, nahbarer und vertrauensvoller. Alles notwendige Voraussetzungen dafür, dass andere mit uns zusammenarbeiten wollen.

Für unser fiktives Beispiel "Virtualisierung von IoT-basierten Maschinen zur Minimierung der Wartungskosten" bedeutet das, dass der CEO persönliche Stories erzählen sollte, zum Beispiel, warum er mit seiner Software-Agentur Maschinenhersteller fokussiert hat. Er sollte davon erzählen, was andere Unternehmer durch eine Zusammenarbeit mit ihm und seiner Software-Agentur erreicht haben. Wie du siehst, ist das die perfekte Gelegenheit für spannende Case Studies und fesselnde Testimonials!

Welche Geschichten kannst du erzählen, wenn du über dich und deine Dienstleistung sprichst?

8. Pricing:

Der Preis hat einen riesigen Einfluss auf den wahrgenommenen Wert. Aber Achtung, Preis ist nicht gleich Wert! Warren Buffett meint: "Price is what you pay, value is what you get." (2008). Das ist eine wichtige Unterscheidung. Das heißt, der wahrgenommene Wert kann aktiv durch den Preis beeinflusst werden, den du deiner Dienstleistung gibst. Je höher der Preis, umso höher der Wert, den wir erwarten. Erinnerst du dich an das Wein-Experiment aus dem Denkmuster-Kapitel? Dort ist genau das passiert: Ein höherer Preis hat die Probanden dazu verleitet, den Wein als hochwertiger und geschmacklich besser zu bewerten. Wenn der Preis eines Produktes/einer Dienstleistung exorbitant hoch ist, nehmen wir an, dass dort auch etwas grundlegend anders/besser sein muss als bei all den vergleichbaren Produkten/Dienstleistungen. Dan Kennedy meint: "There is no strategic benefit to being the second cheapest in the marketplace, but there is for being the most expensive." (2011).

Umgelegt auf das fiktive Beispiel "Virtualisierung von IoT-basierten Maschinen zur Minimierung der Wartungskosten" bedeutet das, dass wir den Wert der gelieferten Software durch den Preis, den wir dafür verlangen, steuern können. Wir sprechen aber weder gleich als Erstes über den Preis, noch werben wir mit diesem auf unserer Website. Pricing ist ein Instrument, das zusammen mit anderen Elementen einen potenziellen Kunden zu einem begeisterten Neukunden machen kann. Pricing unterstreicht das Experten-Auftreten.

Welcher Preis würde dir für deine Dienstleistung im ersten Moment als vielleicht zu hoch erscheinen?

Einwandbehandlung

Nicht jeder Engaged Lead (potenzieller Kunde, der bereits Interesse gezeigt hat), nicht jeder potenzielle Kunde, mit dem du ein auf SPIN® Selling basiertes Gespräch geführt hast und auch nicht jeder potenzielle Kunde, mit dem du ein auf die acht Persuasion Booster basiertes Gespräch geführt hast, geht auch sofort eine Zusammenarbeit mit dir ein. Wie schon vielfach erwähnt, ist Vertrauen eine notwendige Grundlage dafür. Wenn sich eine Person als Engaged Lead bemerkbar macht, existiert zumindest schon etwas davon. Es kann aber dennoch vorkommen, dass noch nicht ausreichend viel Vertrauen vorhanden ist. Das merkt man besonders dann, wenn die Zielgruppe in Gesprächen zwar zugibt, dass sie dieses Problem hat und dass sie auch glaubt, dass die vorgestellte Lösung das Problem tatsächlich löst, sie aber dennoch Einwände vorbringt, warum sie jetzt noch keine Zusammenarbeit eingehen kann. Im Verkauf bezeichnet man das, was der Verkäufer in einer solchen Situation tun muss, klassischerweise als "Einwandbehandlung".

Es geht dabei aber nicht darum, jemandem etwas einzureden. Es geht für mich auch hier wieder darum, falsche Überzeugungen loszuwerden, die einem am Vorankommen hindern.

Beleuchten wir zusammen nachfolgend drei der möglichen Einwände im Hinblick auf unser fiktives Positionierungsbeispiel "Virtualisierung von IoT-basierten Maschinen zur Minimierung der Wartungskosten", damit du ein Gefühl bekommst, in welche Richtung das gehen muss.

- "Wir haben aktuell keine Zeit dafür." Hier stellt sich die Frage, ob vielleicht eine falsche Priorisierung der Dinge vorliegt. Oftmals gibt es kein Zeitproblem, sondern nur ein Problem der richtigen Prioritäten. Wenn Maschinenhersteller wissen, dass sie nicht gerade zu den innovativsten Unternehmen gehören, aber jetzt gerade noch volle Auftragsbücher haben, dann ist es eine Top-Priority, dafür zu sorgen, dass das auch so bleibt. Jeder hat 24 Stunden und es liegt an einem selbst, diese Stunden perfekt zu nutzen.
- "Im Moment läuft's ganz gut, wir kümmern uns später darum, wenn es wieder schlechter läuft." Hier stellt sich die Frage, ob es besser wäre, gerade jetzt etwas zu tun, damit es erst gar nicht schlechter wird. Viele gehen erst dann zum Arzt, wenn sie Probleme mit ihrer Gesundheit haben. Es wäre aber besser - und jeder weiß das - schon vorher etwas Dementsprechendes zu tun, damit es erst gar nicht so weit kommt. Unternehmer mit dem notwendigen Weitblick wissen das und handeln, auch wenn es gerade (noch) gut läuft.
- "Wir kennen uns damit nicht aus, daher lassen wir es vorerst lieber." Hier stellt sich die Frage, ob Fortschritt nicht immer bedeutet, die Komfortzone zu verlassen. Traust du dir und den Mitarbeitern deines Unternehmens zu, sich weiterzuentwickeln? Dinge zu lernen? Projekte erfolgreich umzusetzen, bei denen man zu Beginn keine Erfahrung hat? Diese Fragen sollten mit "Ja" beantwortet werden können.

Überlege dir zu deiner Positionierung die wahrscheinlichsten Einwände und möglichen "Behandlungen" dieser. Wenn du mit potenziellen Kunden sprichst, notiere neue Einwände und mache dir Gedanken dazu, wie du diese zukünftig entkräften könntest. Frage dich immer: Was steht eigentlich hinter diesem Einwand? Einwände sind oftmals nur Vorwände der wahren Gründe/Überzeugungen, die einem am Vorankommen hindern. Es gilt genau diese zu identifizieren und aufzulösen. Passe dabei auch unbedingt darauf auf, dass du nicht "von oben herab" sprichst! Stelle Fragen, die dazu führen, dass dein Neukunde seine Einwände selbst hinterfragt! Der Ton macht die Musik! Dazu braucht es viel Übung und etwas Fingerspitzengefühl.

Case Studies und Testimonials

In “Phase 2: Ausarbeitung der Positionierung” habe ich dir im Zusammenhang mit der Value Ladder und mit dem Lead Magneten schon kurz von Social Proof erzählt. Wir empfinden Case Studies und Testimonials (positive Kundenerfahrungen) als Beweis dafür, dass andere Kunden, die auch mit dem Dienstleister zusammengearbeitet haben, mit den Ergebnissen zufrieden waren und dass das wahrscheinlich dann auch für uns gilt. Sie ermöglichen es dem potenziellen Kunden zu glauben, was der Dienstleister behauptet. Das heißt, der Dienstleister kann Case Studies und Testimonials aktiv dafür nutzen, damit der Kunde dem Dienstleister vertraut.

Um das perfekte Testimonial zu kreieren, hat Donald Miller in “Building A Story Brand” (2017, S.199 ff.) die nachfolgenden fünf Fragen an einen zufriedenen Kunden vorgeschlagen. Die Antworten auf diese Fragen zeichnen ein klares Vorher-Nachher-Bild im Kopf eines neuen Kunden. Je mehr Ähnlichkeit das Testimonial mit dem potenziellen Kunden hat, umso höher ist seine Überzeugungskraft.

- What was the problem you were having before our service?
- What did the frustration feel like as you tried to solve that problem?
- What was different about our service?
- Take us to the moment when you realized our service was actually working to solve your problem!
- Tell us what your life looks like now that your problem is solved or being solved!

Wenn du es noch nicht tust, empfehle ich dir dringend, Testimonials von zufriedenen Kunden anhand dieser fünf Fragen einzusammeln. Du kannst sie dann auf der Landingpage, beim E-Mail-Marketing, auf Events und in Sales-Calls einsetzen. Früher oder später wird die Frage kommen: “Mit wem haben Sie schon gearbeitet?” Dann wäre es gut, wenn du von einem passenden Testimonial beziehungsweise einer gelungenen Case Study erzählen könntest.

Positionierung anpassen/iterieren

Es kann etwas dauern, Feedback für die gewählte Positionierung durch eine neue Landingpage, durch Maßnahmen zur Leadgenerierung oder durch "Verkaufsgespräche" zu erhalten. Noch länger dauert es, bis man eine Aussage dazu treffen kann, ob die gewählte Positionierung funktioniert oder ob das eher nicht der Fall ist. Dafür gibt es auch keine Berechnungsformel. Hier ist dein Bauchgefühl gefragt. Hast du das Gefühl, du hast entsprechenden Einsatz gezeigt, aber es hat sich auch nach einem halben Jahr kein Erfolg abgezeichnet? Kannst du noch etwas tun, um die neue Positionierung ins Rollen zu bringen? Wenn nicht, dann musst du etwas anpassen.

Betrachte es aber keinesfalls als Scheitern, solltest du zu dem Entschluss kommen, etwas an deiner neuen Positionierung anpassen zu müssen, weil sie offensichtlich nicht funktioniert. Es ist dennoch ein Schritt in die richtige Richtung und du hast mit Sicherheit eine Menge dabei gelernt. Wissen und Erfahrung, die du beim nächsten Versuch direkt anwenden kannst. Nahezu niemand macht das nur ein einziges Mal und ist dann schon überdurchschnittlich erfolgreich. Die richtige Positionierung zu "finden", braucht Zeit. Es braucht Versuche. Und es braucht Erfahrung, die man ja gerade dadurch sammelt. Schritt für Schritt kommst du deinem Ziel näher. Und glaube mir, es zahlt sich aus, diesen Weg zu gehen. Auch, wenn er etwas mühsam zu sein scheint. Der richtige Umgang mit "Scheitern" ist hier essenziell!

Es gibt mehrere Möglichkeiten, die du anpassen kannst. Du kannst bei deinen grundlegenden Was, Wer und Warum bleiben, kannst aber jede der drei Formulierungen unabhängig voneinander anpassen. Mit Formulierungen meine ich die "Verpackung". Das, was draufsteht, beeinflusst massiv, wie wir wahrnehmen, was drinnen ist. Einzelne Worte beeinflussen unsere Erwartung und damit unsere Wahrnehmung. Ein Beispiel aus meinem Bereich: "Training" vs. "Consulting". Es kann in beiden Fällen exakt dasselbe geliefert werden, doch die Erwartungen und damit auch die Wahrnehmung selbst sind auf Grund der Formulierung, der "Verpackung", grundverschieden. Du steuerst das aktiv. Sei dir dessen stets bewusst!

Konkreter: Wenn du "Virtualisierung von IoT-basierten Maschinen zur Minimierung der Wartungskosten" anpassen möchtest, könntest du die "Verpackung" anpassen, indem du sie beispielsweise auf "*Dashboard* für IoT-basierte Maschinen zur Minimierung der Wartungskosten" umformulierst. Du hast damit nur ein einziges

Wort geändert, aber die Erwartung und damit die Wahrnehmung beim Kunden haben sich wahrscheinlich grundlegend verändert. Dasselbe Spiel kannst du auch mit den anderen Komponenten deiner Positionierung spielen. Statt "Maschinenhersteller" zu adressieren, könntest du "Anlagenhersteller" ansprechen. Das würde dir gelingen, indem du von "Virtualisierung von IoT-basierten *Anlagen* zur Minimierung der Wartungskosten" sprichst. Erneut hat sich nur ein Wort geändert, aber wer sich angesprochen fühlt, hat sich grundlegend verändert. Weil man so viele Aspekte ändern kann, ist es auch so schwer, die richtige Positionierung zu finden. Es gibt so viele Richtungen, die wir einschlagen und Möglichkeiten, aus denen wir wählen können. Wenn du systematisch vorgehst und nicht planlos, findest du bestimmt deinen Weg.

Siehst du, wie mächtig einzelne Worte sind? Sie definieren, was wir erwarten. In der Verhaltenspsychologie spricht man hier vom "Framing-Effekt". Du kannst, nein, du musst diesen aktiv nutzen!

Wenn du deine Positionierung konzeptionell adaptiert oder iteriert hast, setze sie auf allen diskutierten Ebenen konsequent um. Passe deine Value Ladder, deinen Lead Magneten und deine Landingpage an. Überarbeite gegebenenfalls auch deinen Attractive Character, deine SPIN® Selling Fragen und deine Argumente zur Einwandbehandlung. Nutze die Persuasion Booster, wo immer du kannst und achte auf passende Case Studies und Testimonials. Dann gehe erneut raus und teste deine adaptierte Positionierung, indem du versuchst, Leads zu generieren und mit potenziellen Kunden zu sprechen. Passe deine Positionierung so lange an und iteriere sie entsprechend oft und intensiv, bis du die richtige für dich "gefunden" hast. Ich weiß, das dauert und ist eine Menge Arbeit, doch sie lohnt sich definitiv.

Bis du die dritte Phase erfolgreich abgeschlossen hast, kann es etwas dauern. Besonders, wenn du deine Positionierung mehrmals anpassen/iterieren musst, was durchaus passieren kann. Auch in diesem Kontext bringt dich Trial & Error deinem Ziel näher. Aber wenn du sie einmal abgeschlossen hast, weißt du, dass du auf einem guten Weg bist. Deine Angebote/Value Ladder, Lead Magnet, Leadgenerierung, Selling-Technik, Einwandbehandlung, etc. stimmen. Was bleibt dann eigentlich noch zu tun? Das Einzige, was noch zu tun ist, ist, "all-in" zu gehen.

Phase 4: Skalierung der Positionierung

Mehr, besser, neu

Wenn du dir sicher bist, dass deine Positionierung funktioniert, weil dir Feedback und Gespräche ein sehr gutes Gefühl geben, ist der richtige Zeitpunkt gekommen, um mit deiner Leadgenerierung „all-in" zu gehen. Es ist dann der Zeitpunkt gekommen, deine normale Website entsprechend der neuen Positionierung zu überarbeiten. Die Landingpage kann und soll bleiben. Je abgestimmter sie mit der Unternehmens-Website ist, desto besser, weil der potenzielle Kunde hier keinen Bruch des Themas/Angebotes erlebt. Ansonsten kann es für Verwirrung sorgen und man sagt, dass verwirrte Menschen nicht kaufen, aber das weißt du bereits.

„All-in" zu gehen bedeutet auch, die vier Möglichkeiten zur Generierung von Leads noch intensiver zu betreiben oder ungenutzte Möglichkeiten überhaupt erst zu nutzen. Wenn du bisher bloß Content erstellt und veröffentlicht hast, schalte zusätzlich Werbeanzeigen und kontaktiere deine Zielgruppe aktiv. Je mehr du hier unternimmst, desto besser. Am Ende sind Sales und die Vorstufe dazu, nämlich die Generierung von Leads, sogenannte „Volume-Games" - je mehr Einsatz man zeigt, umso mehr Erfolg hat man. Alex Hormozi hat hierzu in "$100M Leads" (2023, S.161 ff.) ein Framework vorgestellt: "More, better, new." Er meint, man solle zuerst mehr von dem machen, was man gerade macht (und was funktioniert), bevor man versucht, etwas besser zu machen. Und erst zu guter Letzt sollte man versuchen, etwas Neues/Anderes zu machen.

Lead-Bearbeitung und Fulfillment

Wenn du die Leadgenerierung zu einer Sache „aufdrehst", die offensichtlich zu funktionieren scheint, wirst du bald ein Problem beim Fulfillment bekommen. Du wirst es nicht mehr so leicht schaffen. Schon vorher wirst du einen Engpass beim Bearbeiten der Leads erleben. Das ist ein extrem gutes Zeichen, das du mit einem Team, mit Automatisierungen, mit Prozessen und mit Systemen lösen kannst. Löse das Problem aber wirklich erst, wenn es auftritt! Viele bauen gerne Automatisierungen für Dinge, die dann nie schlagend werden. Das ist bestimmt nicht der beste Einsatz der wertvollsten Ressource, nämlich von Zeit. Viele stellen auch gleich mal Teammitglieder ein und fangen an, vielleicht unangenehme Aufgaben zu delegieren, auch wenn das noch gar nicht nötig ist. Auch das ist nicht der beste Einsatz von Ressourcen, nämlich von Geld.

Noch etwas zur Bearbeitung von Leads: Je schneller du einen neuen Lead kontaktierst, desto besser. Ich spreche hier von Minuten, nicht von Stunden oder gar Tagen. Wenn also jemand deinen Lead Magnet in Anspruch nimmt, versuche ihn so schnell wie möglich zu kontaktieren! Entweder per E-Mail oder besser noch per Telefon. Das zeigt, dass du dich wirklich um deine Kunden/potenziellen Kunden bemühst, weil sie dir ernsthaft am Herzen liegen. Der Lead ist in so einem Fall auch am "heißesten", weil er sich ja gerade mit dir und deinen Inhalten/Angeboten beschäftigt hat. Der ideale Zeitpunkt für ein Gespräch!

Was kommt danach?

Wenn du dir über diese Frage Gedanken machst, dann bist du schon sehr weit. Ich gratuliere dir! Aber Achtung! Nichts währt ewig. Das gilt leider auch für deine derzeit erfolgreiche Positionierung. Du musst sie von Zeit zu Zeit evaluieren. Erzielt sie noch die gewünschten Ergebnisse? Wird sie von aktuellen Trends und Entwicklungen bedroht? Passt sie noch zu dir, deinem Unternehmen und deinem Team? Löst sie nach wie vor ein schmerzhaftes Problem? Diese und ähnliche Fragen solltest du dir von Zeit zu Zeit stellen. Nicht tagtäglich, nicht wöchentlich, aber vielleicht alle paar Monate oder Jahre. Stellst du fest, dass die Positionierung in der Tat nicht mehr ideal ist, arbeitest du einfach eine neue aus. Du weißt ja jetzt, wie das Schritt für Schritt geht.

Drei häufige Fehler bei der Positionierung

Unter- oder Überpositionierung

Der häufigste Fehler, den ich im Zusammenhang mit Positionierung erlebe, ist eine Über- oder Unterpositionierung. Wesentlich häufiger kommt tatsächlich die Unterpositionierung vor. Wie im einleitenden Kapitel beschrieben, meine ich damit eine zu breite Positionierung. Eine, bei der man immer noch nicht versteht, was man eigentlich genau bekommt, für wen das relevant ist und warum diese Leute das überhaupt benötigen, sprich, welches grundlegende Problem damit gelöst wird. Ich habe im Kapitel "Warum manche Denkmuster hemmen" beschrieben, was die Gründe dafür sind.

Manchmal, zugegebenermaßen selten, kommt es auch vor, dass es jemand mit der Positionierung übertreibt. Ich nenne das dann Überpositionierung. Sie tritt auf, wenn man sich zu sehr auf einen zu instabilen Trend stützt und/oder die Zielgruppe für die jeweilige Positionierung so klein ist, dass man sie nach kurzer Zeit bereits vollständig ausgereizt hat. Ich habe dir in der Einleitung erzählt, dass mir genau das passiert ist, als ich mich mit "NFT Smart Contract Development for Startups" spitz positioniert habe. NFTs waren von heute auf morgen ein Megatrend, genauso schnell war dieser aber auch wieder vorbei und ich stand mit etwas da, das keiner mehr wollte.

Fehlender Kundenfokus

Die erfolgreichsten Unternehmen dieser Welt konzentrieren sich auf den Kunden und nicht auf sich selbst. Bei der Positionierung geht es primär darum, ein Problem für den Kunden zu lösen. Es geht nicht primär darum, was dein Unternehmen kann, sondern es geht darum, was der Kunde davon hat. Zu oft lese ich "Wir sind die Besten bei …", "Wir sind die Größten in …". Das interessiert unterm Strich absolut niemanden. Das Einzige, was zählt, ist, was der Kunde davon hat. "What's in it for me?" Eine Antwort auf diese Kunden-Frage zu haben, wird immer wichtiger. Du kannst sie "finden", wenn du dich ernsthaft in die Lage des Kunden versetzt, wenn du seine Sichtweise einnimmst. Das passiert aber leider viel zu selten.

Bauchgefühl-Positionierung

Viele treffen bei der Positionierung wichtige Entscheidungen basierend auf ihrem Bauchgefühl. Sie verfolgen kein System, keinen Prozess. Sie machen einfach, was sie glauben, machen zu müssen, ohne sich im Detail damit zu beschäftigen oder etwas darüber gelesen oder/und gelernt zu haben. Sie machen das "Daumen mal Pi". Ich frage mich dann immer: Wo kommt das her? Warum denken viele, sie können das intuitiv ganz gut? Sie haben ja auch nicht einfach so begonnen, Software für andere zu entwickeln. Sie haben erst ihr Handwerk gelernt und haben dann damit begonnen, diese Dienstleistung zu verkaufen. Positionierung und Marketing im Allgemeinen sind ebenso ein Handwerk, welches erlernt werden muss. Das ist einem nicht einfach in die Wiege gelegt worden.

Key Takeaways

- Eine Positionierung zu haben alleine genügt nicht, du musst sie auch überzeugend nach außen kommunizieren.
- Nicht du, sondern dein Kunde ist der Held. Du bist der Guide, der ihm dabei hilft, seine Herausforderungen zu bewältigen und seine Ziele zu erreichen.
- Das Vertrauen deines Kunden ist die Grundlage für eure Zusammenarbeit. Du musst es dir Schritt für Schritt erarbeiten.
- Zu verkaufen bedeutet, deinem Kunden dabei zu helfen, die für ihn richtige Entscheidung zu treffen.
- Vieles im Marketing, dazu gehört auch Positionierung, findet man nur durch Ausprobieren heraus. Eine Trial & Error Denkweise unterstützt dich dabei zielführend.

Was sich nun für dich geändert hat

In den vorangegangenen Seiten haben wir uns sehr intensiv mit Positionierung beschäftigt. Wir haben die 3 Säulen - zur Erinnerung: Was, Wer und Warum - einer spitzen und klaren Positionierung diskutiert, die Wichtigkeit von Positionierung beleuchtet und die Auswirkungen von spitzer und breiter Positionierung analysiert. Weiters habe ich aufgezeigt, wie man seine Positionierung erarbeitet und letztlich auch anwenden sollte.

An diesem Punkt angelangt, hoffe ich, dass dir klar geworden ist, was Positionierung genau ist, warum es so unglaublich wichtig ist, sich zu positionieren und wie man Positionierung Schritt für Schritt umsetzt.

Ich hoffe, dir ist auch klargeworden, dass du nicht Schuld daran bist, dass du als Fachkraft bisher Positionierung und Marketing im Allgemeinen derart unterschätzt hast, wie du es vermutlich tust. Man hat es dir einfach nicht beigebracht. Das Gute aber ist, dass du es jetzt weißt und ab jetzt danach handeln kannst.

Einen großen Teil dieses Buches habe ich auch dafür verwendet, limitierende Denkmuster zu diskutieren. Für mich ist das DIE Schlüsselstelle. Wenn limitierende Glaubenssätze zu einem Thema nicht überwunden werden, bringt es nichts, mehr zu diesem Thema zu lernen. Man wird das Wissen nicht anwenden.

Es war mir ein besonderes Anliegen, dir von Techniker zu Techniker dabei zu helfen, hemmende, festgemauerte Denkmuster ins Wanken zu bringen. Damit du siehst, dass hinter diesen Mauern noch etwas kommt. Und zwar das, was du schon immer erreichen wolltest!

Wie du weißt, zählt am Ende nicht theoretisches, sondern angewandtes Wissen. Du kannst dein, durch dieses Buch neu erworbene Wissen ab jetzt anwenden, um endlich das Unternehmen aufzubauen, von dem du schon immer geträumt hast!

Eine kleine Bitte an dich

Ich habe dir in Phase 2 von "So positionierst du dich richtig" von Social Proof erzählt: Wir machen das, was andere Leute machen. Daher bitte ich dich um deine Bewertung, wenn dir dieses Buch gefallen hat - mehr noch - wenn es dir geholfen hat. Gehe dazu auf derkundenmagnet.at/bewertung und lasse deine ehrliche Meinung da. Dein Input hilft auch anderen, dieses Buch zu finden und vor allem, es auch zu kaufen und zu lesen. Das ermöglicht auch ihnen, dann das Unternehmen aufzubauen, von dem sie schon immer geträumt haben.

Und ich finde nebenbei auch, wir Techniker sollten zusammenhalten. ;)

Herzlichen Dank!

Was dich noch interessieren könnte

Ich habe mir in den letzten Jahren sehr viel Wissen zu Business, Marketing und Sales angeeignet und eine Vielzahl an Büchern gelesen, Podcasts gehört, YouTube-Videos angesehen und Social Media Posts konsumiert. Ich kann dir nur empfehlen, das auch zu tun.

Folgende Personen sind es definitiv wert, ihnen zu folgen und ihre Inhalte zu konsumieren. Sie haben mich maßgeblich beeinflusst und inspiriert. Sie alle veröffentlichen regelmäßig Videos auf YouTube und die meisten betreiben auch einen eigenen Podcast. Manche von ihnen haben auch mehrere Bücher geschrieben.

- Russell Brunson (Co-Founder des Software-Unternehmens ClickFunnels)
- Alex Hormozi (Co-Founder und Managing Partner von Acquisition.com)
- Tai Lopez (Investor und Gründer von Unternehmen wie Retail Ecommerce Ventures)
- Myron Golden (Internationaler Speaker, Consultant und Autor; CEO von Myron Golden, LLC)
- Grant Cardone (Founder und CEO von Cardone Capital und Cardone Ventures)
- Dean Graziosi (Unternehmer, Autor und Speaker; Co-Founder der Bildungsplattform Mastermind.com)
- Gary Vaynerchuk (CEO der Werbeagentur VaynerMedia und Vorsitzender der Kommunikations-Holding VaynerX)

"Leaders are readers!"

Ich empfehle dir folgende Bücher:

- Ariely, Dan (2008): Predictably Irrational
- Barden, Phil (2013): Decoded
- Berger, Jonah (2013): Contagious
- Brafman, Rom und Brafman, Ori (2008): Sway

- Brunson, Russell (2015): Dotcom Secrets
- Brunson, Russell (2017): Expert Secrets
- Brunson, Russell (2020): Traffic Secrets
- Buss, David M. (2019): Evolutionary Psychology
- Carnegie, Dale (1936): How To Win Friends And Influence People
- Cialdini, Robert B. (1984): Influence
- Cialdini, Robert B. (2016): Pre-Suasion
- Dooley, Roger (2011): Brainfluence
- Dunford, April (2019): Obviously Awesome
- Dweck, Carol (2006): Mindset
- Godin, Seth (2003): Purple Cow
- Harhut, Nancy (2022): Using Behavioral Science in Marketing
- Heath, Chip und Heath, Dan (2007): Made To Stick
- Hormozi, Alex (2021): $100M Offers
- Hormozi, Alex (2023): $100M Leads
- Hormozi, Alex (2025): $100M Money Models
- Husemann-Kopetzky, Markus (2013): Handbook on the Psychology of Pricing
- Johnson, Matt und Ghuman, Prince (2020): Blindsight
- Kahneman, Daniel (2011): Thinking, Fast And Slow
- Kennedy, Dan S. (2009): Magnetic Marketing
- Kennedy, Dan S. (1990): The Ultimate Marketing Plan
- Kim, W. Chan und Mauborgne, Renée A. (2005): Blue Ocean Strategy
- Miller,Donald (2017): Building a StoryBrand
- Moine, Donald und Lloyd, Kenneth (1990): Unlimited Selling Power
- Morin, Christophe und Renvoise, Patrick (2019): The Persuasion Code
- Ogilvy, David (1983): Ogilvy On Advertising
- Palmer, Melina (2020): What Your Customer Wants (And Can't Tell You)
- Pink, Daniel H. (2012): To Sell Is Human
- Pink, Daniel H. (2009): Drive
- Ramadan, Al und Peterson, Dave und Lochhead, Christopher und Maney, Kevin (2016): Play Bigger
- Ries, Al und Trout, Jack (1981): Positioning

- Ries, Al und Trout, Jack (1993): The 22 Immutable Laws Of Marketing
- Robert Greene (1998): 48 Laws Of Power
- Shotton, Richard (2018): The Illusion of Choice - The Choice Factory
- Sinek, Simon (2009): Start With Why
- Sinek, Simon (2019): The Infinite Game
- Storr, Will (2019): The Science of Storytelling
- Suby, Sabri (2019): Sell Like Crazy
- Thaler, Richard H. (2015): Misbehaving
- Thaler, Richard H. und Sunstein, Cass R. (2008): Nudge
- Tracy, Brian (1985): The Psychology of Selling

Ich hoffe, du lernst durch diese Persönlichkeiten und deren Inhalte auch genau so viel wie ich es getan habe. Viel Spaß beim Lernen und Wachsen, gemäß meinem Motto:

"Growth - Every Day!"

Wenn du mehr über Positionierung, limitierende Denkmuster, Marketing & Sales oder über mich erfahren möchtest, freue ich mich über deinen Besuch auf derkundenmagnet.at.

Wenn du darüber hinaus Fragen oder Anregungen hast - welcher Art auch immer - stehe ich dir jederzeit sehr gerne zur Verfügung. Schreibe mir dazu einfach eine E-Mail: message@peterholzer.at.

Ich sage "Danke"!

Ich möchte mich in erster Linie ganz herzlich bei meiner Freundin Eva Haslinger bedanken. Sie unterstützt mich in jeder Lebenslage und bei jedem meiner Vorhaben. Sie hält mir den Rücken frei, wenn gerade viel los ist und redet mir gut zu, wenn ich gerade niedergeschlagen bin. Ich weiß nicht, ob ihr bewusst ist, wie sehr ich das zu schätzen weiß.

Ich möchte mich auch ganz herzlich bei meiner Schreib-Coachin Brigitte Wenzina bedanken, die mich vom Anfang bis zum Schluss mit vollem Einsatz begleitet hat. Ohne ihre Führung, Vorschläge und Korrekturen wäre dieses Buch nie fertig geworden.

Last, but not least, möchte ich mich bei dir bedanken, weil du mir dein Vertrauen geschenkt hast, deine wertvolle Zeit in dieses Buch investiert hast und du dadurch den Grundstein für ein erfolgreicheres Business, DEIN erfolgreiches Business, gelegt hast.